Indice generale

Capitolo 1: Comprendere l'insicurezza..4

Capitolo 2: La psicologia della fiducia in se stessi.....................19

Capitolo 3: La forza della mente positiva...................................34

Capitolo 4: Gestire lo stress e l'ansia..50

Capitolo 5: Potenziare le relazioni interpersonali.....................71

Capitolo 6: Il potere del perdono e dell'accettazione.................88

Capitolo 7: La resilienza come risorsa......................................110

Capitolo 8: Coltivare la gratitudine e la gioia di vivere............132

Capitolo 9: L'importanza della connessione con se stessi.........153

Capitolo 10: Abbracciare il cambiamento e il futuro con positività
....171

Capitolo 1: Comprendere l'insicurezza

Comprendere l'insicurezza è il primo passo fondamentale verso la trasformazione personale e il raggiungimento di una mente positiva. L'insicurezza è un sentimento complesso e sfaccettato che può influenzare profondamente la nostra vita e il nostro benessere emotivo. Per affrontare efficacemente questo ostacolo, è essenziale esaminarne le radici e comprendere le dinamiche che lo alimentano.

L'insicurezza nasce spesso da esperienze passate, traumi o situazioni di vita che ci hanno lasciato feriti o vulnerabili. Talvolta, può essere il risultato di messaggi negativi ricevuti nell'infanzia o di un ambiente poco favorevole alla crescita della fiducia in se stessi. Queste esperienze possono creare un'immagine di sé distorta, in cui ci si percepisce inadeguati o incapaci di affrontare le sfide della vita.

La paura del giudizio degli altri è un altro fattore comune che alimenta l'insicurezza. Spesso, siamo preoccupati di essere giudicati o respinti dagli altri, il che ci porta a mettere in discussione il nostro valore e la nostra capacità di essere accettati. Questa ansia sociale può

"IL POTERE DELLA MENTE POSITIVA"

Psicologia per Migliorare il Benessere e Sconfiggere l'Insicurezza

di Daria Dimusica

portarci a evitare situazioni o relazioni che percepiamo come minacciose, limitando così il nostro potenziale di crescita e realizzazione personale.

Inoltre, l'insicurezza è spesso alimentata dai pensieri negativi e autolimitanti che nutriamo nei confronti di noi stessi. Le convinzioni limitanti, come "non sono abbastanza bravo" o "fallirò sicuramente", possono diventare veri e propri saboteur della nostra autostima e del nostro benessere. Questi schemi di pensiero negativo possono condizionare il nostro comportamento e influenzare il modo in cui affrontiamo le sfide quotidiane.

La comprensione dell'insicurezza ci porta anche a riconoscere come essa possa avere un impatto devastante sulla nostra salute mentale e fisica. L'insicurezza cronica è spesso associata all'ansia, alla depressione e ad altri disturbi emotivi, che possono limitare la nostra capacità di godere appieno della vita e perseguire i nostri obiettivi.

Affrontare l'insicurezza richiede un processo di autoesplorazione e consapevolezza di sé. Imparare a riconoscere i pensieri e i comportamenti legati all'insicurezza è il primo passo per interrompere questo circolo vizioso. La consapevolezza ci aiuta a distanziarci da questi pensieri e a sperimentarli con un atteggiamento più oggettivo e compassionevole.

La pratica della psicologia positiva può essere particolarmente utile nel superare l'insicurezza. Attraverso questa prospettiva, siamo incoraggiati a concentrarci sui nostri punti di forza, successi passati e risorse personali. Impariamo a riconoscere i nostri successi e ad apprezzarci per le nostre unicità, rafforzando così la nostra autostima e il nostro senso di valore personale.

Nel libro "IL POTERE DELLA MENTE POSITIVA" sarete guidati in un viaggio di autoconoscenza e trasformazione personale. Attraverso un approccio Teoria-Pratica, volgeremo lo sguardo verso una comprensione approfondita dell'insicurezza, aiutando noi stessi a identificare le radici di questo sentimento e a sviluppare strategie pratiche per superarlo.

Attraverso esercizi mirati e tecniche basate sulla psicologia positiva, imparerete a trasformare i pensieri autolimitanti e a coltivare una mente positiva e resiliente. L'obiettivo è quello di sviluppare una maggiore fiducia in se stessi, liberandosi dalle catene dell'insicurezza e aprendo la strada a un benessere psicologico duraturo e soddisfacente. Questo libro è stato creato come uno strumento per tutti coloro che desiderano liberarsi dall'insicurezza e scoprire il potere della mente positiva nella loro vita quotidiana.

Le radici dell'insicurezza sono spesso intrecciate con le esperienze passate e il condizionamento mentale acquisito nel corso della vita. Esplorare queste radici è un passo essenziale per comprendere l'origine dell'insicurezza e affrontarla in modo efficace.

Le esperienze passate svolgono un ruolo cruciale nello sviluppo dell'autostima e dell'insicurezza di una persona. Eventi traumatici, critiche costanti, mancanza di sostegno emotivo e fallimenti passati possono lasciare cicatrici profonde e influenzare la percezione di sé stessi. Ad esempio, un'infanzia caratterizzata da un ambiente poco stimolante o da genitori critici può creare un'immagine di sé negativa, facendo sorgere dubbi sulla propria capacità di essere amati o di avere successo nella vita. Il condizionamento mentale è il risultato di modelli di pensiero che si sono consolidati nel tempo, basati su convinzioni, credenze e valutazioni di noi stessi e del mondo circostante. Questi modelli di pensiero possono essere sia positivi che negativi e giocano un ruolo chiave nel plasmare la nostra autostima e il nostro livello di sicurezza. Ad esempio, se siamo cresciuti in un ambiente in cui ci è sempre stato detto che non siamo abbastanza bravi o che non riusciremo mai a fare determinate cose, potremmo sviluppare un condizionamento mentale negativo che ostacola il nostro potenziale.

Esplorare queste esperienze e il condizionamento mentale richiede un atto di auto-riflessione profonda e onesta. Guardare al passato con occhi obiettivi può essere difficile, ma è un passo essenziale per individuare le cause profonde dell'insicurezza e sciogliere i nodi che ci tengono imprigionati in schemi autodistruttivi.

Una forma utile di esplorazione può essere l'utilizzo del diario. Scrivere i propri pensieri, emozioni e ricordi può aiutare a identificare modelli ricorrenti e a ottenere una maggiore chiarezza sulle esperienze che hanno plasmato l'autostima e l'insicurezza. Lavorare con un professionista, come uno psicologo o un counselor, può fornire uno spazio sicuro per esplorare questi aspetti delicati e ricevere il supporto necessario per il percorso di guarigione.

Nell'affrontare le radici dell'insicurezza, è importante ricordare che si tratta di un processo graduale e non lineare. Non si possono cambiare gli eventi passati, ma si può lavorare per cambiare il modo in cui si reagisce ad essi e si fa fronte alle sfide presenti e future. Il perdono di sé stessi e degli altri può essere una componente fondamentale di questo processo, permettendoci di lasciar andare il peso del passato e di costruire una visione più positiva di noi stessi.

Attraverso l'esplorazione delle esperienze passate e il condizionamento mentale, riconoscerete i modelli che limitano il vostro potenziale e a svilupperete una nuova prospettiva su voi stessi. Imparare a perdonarsi, abbracciare l'autenticità e sviluppare una maggiore consapevolezza di sé sono alcuni dei passi fondamentali presentati nel libro per superare l'insicurezza e raggiungere una maggiore sicurezza e benessere mentale.

Esplorare le radici dell'insicurezza richiede coraggio e impegno, ma è un viaggio che può portare a una trasformazione significativa e a una nuova visione di sé stessi e della vita.

Identificare gli schemi di pensiero negativi e autolimitanti è un passo cruciale nel percorso verso una mente positiva e sicura di sé. Spesso, siamo inconsapevoli di come i nostri pensieri influenzino le nostre emozioni, comportamenti e prospettive sulla vita. Gli schemi di pensiero negativi possono manifestarsi in vari modi, ma il risultato è spesso un impatto negativo sulla nostra autostima e il nostro benessere psicologico complessivo.

Uno dei modi più comuni in cui gli schemi di pensiero negativi si manifestano è attraverso l'autocritica costante. Ci colpevolizziamo per i nostri errori e ci concentriamo sui nostri difetti, ignorando i nostri punti di forza e successi. Questa voce critica interna può diventare estremamente dannosa, alimentando un senso di insicurezza e una percezione distorta di sé stessi.

Un altro schema di pensiero negativo comune è la generalizzazione. Quando facciamo esperienze negative o falliamo in qualcosa, tendiamo a generalizzare queste esperienze e a creare convinzioni autolimitanti come "non sono mai abbastanza bravo" o "non avrò mai successo".

Queste generalizzazioni possono bloccare il nostro potenziale e impedirci di provare nuove esperienze o prendere rischi.

La catastrofizzazione è un altro schema di pensiero negativo che può aumentare l'insicurezza. Quando ci troviamo di fronte a una situazione difficile o incerta, tendiamo a immaginare il peggio scenario possibile. Questo modo di pensare amplifica la paura e l'ansia, impedendoci di affrontare le sfide con coraggio e fiducia.

Gli schemi di pensiero negativi possono anche manifestarsi attraverso il filtro mentale, in cui ci concentriamo solo sugli aspetti negativi di una situazione o di noi stessi, ignorando gli aspetti positivi. Questo filtro può distorcere la nostra percezione della realtà e alimentare l'insicurezza.

Identificare questi schemi di pensiero negativi richiede consapevolezza e auto-osservazione. Spesso, siamo così abituati a questi modelli di pensiero che diventano automatici e invisibili alla nostra coscienza. La pratica della mindfulness e dell'auto-riflessione può aiutarci a riconoscere questi schemi e ad affrontarli in modo efficace.

Uno degli approcci è il processo di ristrutturazione cognitiva, che coinvolge il riconoscimento dei pensieri negativi, la sfida delle credenze limitanti e la sostituzione di tali pensieri con alternative più realistiche e positive. Questa pratica aiuta a ridurre l'effetto negativo degli schemi di pensiero autolimitanti e a promuovere una visione più equilibrata e positiva di sé stessi e delle situazioni.

Un'altra strategia presentata nel libro è l'uso degli affermazioni positive. Queste affermazioni sono dichiarazioni di supporto e incoraggiamento che aiutano a rafforzare la fiducia in se stessi e a riformulare i pensieri negativi in modo positivo. Ripetendo affermazioni come "sono degno di amore e rispetto" o "sono capace di affrontare le sfide con coraggio", si può lentamente sradicare gli schemi di pensiero negativi e costruire una mente più positiva e fiduciosa.

Infine, l'importanza di praticare la gentilezza verso se stessi non può essere sottovalutata. Spesso, siamo molto più duri e critici con noi stessi di quanto lo siamo con gli altri. Coltivare un atteggiamento compassionevole verso se stessi ci aiuta a perdonarci per gli errori e le imperfezioni e a sviluppare una maggiore accettazione di noi stessi.

Identificare gli schemi di pensiero negativi e autolimitanti è un processo in continua evoluzione.

L'insicurezza può avere un impatto significativo sulla salute mentale e fisica di una persona. Questo stato emotivo negativo può innescare una serie di reazioni che influenzano il benessere complessivo e la qualità della vita. È importante comprendere come l'insicurezza possa manifestarsi nei vari aspetti della salute, in modo da poter affrontare questa sfida in modo appropriato.

Sul piano della salute mentale, l'insicurezza può portare a una serie di disturbi e sintomi psicologici. Spesso, le persone insicure possono soffrire di ansia eccessiva e persistente. L'ansia può diventare schiacciante e limitare la capacità di una persona di affrontare situazioni quotidiane, sia sociali che lavorative. L'insicurezza può anche essere associata a bassa autostima e mancanza di fiducia in se stessi, con una costante ricerca di approvazione esterna per sentirsi validati. Questo ciclo può diventare vorticoso e avere un impatto significativo sulla felicità e la soddisfazione personale.

L'insicurezza può anche portare a stati di depressione e isolamento sociale. Le persone insicure possono sentirsi inadeguate o indesiderate, evitando interazioni sociali o addirittura ritirandosi dalla vita sociale. Questo isolamento può peggiorare il senso di solitudine e disconnessione, alimentando ulteriormente la depressione.

Inoltre, l'insicurezza può portare a pensieri ossessivi e autolesionistici. Il senso di fallimento e di non essere all'altezza può essere travolgente, spingendo alcune persone a sviluppare pensieri negativi o autodistruttivi. Questo comportamento può sfociare in comportamenti autolesionistici o, nei casi più gravi, in ideazione suicidaria.

Dal punto di vista della salute fisica, l'insicurezza può avere un impatto sul sistema immunitario e sulla salute generale. Lo stress cronico associato all'insicurezza può innescare una risposta infiammatoria nel corpo, indebolendo il sistema immunitario e rendendoci più suscettibili alle malattie. L'insicurezza può anche portare a comportamenti malsani, come il consumo eccessivo di cibo poco salutare, il fumo o l'abuso di sostanze, che a loro volta possono avere un impatto negativo sulla salute fisica.

Inoltre, l'insicurezza può influenzare la qualità del sonno. Le persone insicure possono avere difficoltà a rilassarsi e a spegnere la mente durante la notte, portando a disturbi del sonno e a una ridotta capacità di riposo. Questa mancanza di sonno può avere un impatto negativo sulla salute mentale e fisica a lungo termine.

Per affrontare l'effetto dell'insicurezza sulla salute mentale e fisica, è essenziale intraprendere un percorso di crescita personale e di guarigione. La psicologia positiva e l'autoconsapevolezza possono essere strumenti potenti per affrontare l'insicurezza e coltivare una mente più positiva e fiduciosa. Il supporto di un professionista, come uno psicologo o un counselor, può essere fondamentale per esplorare le radici dell'insicurezza e sviluppare strategie di adattamento adeguate.

La consapevolezza di sé e il lavoro per costruire una mente più positiva e resiliente possono aiutare a migliorare la salute mentale e fisica complessiva, aprendo la strada a una vita più felice, soddisfacente e salutare.

Affrontare le paure e le ansie è un passo essenziale per superare l'insicurezza e sviluppare una mente positiva e fiduciosa. Le paure e le ansie possono essere potenti blocchi emotivi che ci impediscono di vivere pienamente e di realizzare il nostro potenziale. Tuttavia, imparare a gestirle in modo efficace ci consente di affrontare le sfide della vita con coraggio e determinazione.

Le paure possono assumere molte forme, dalle paure concrete e specifiche, come la paura dei luoghi chiusi o delle altezze, alle paure più profonde e diffuse, come la paura di fallire o di essere giudicati dagli altri. Le ansie, d'altra parte, possono riguardare il futuro, portando a preoccupazioni costanti su ciò che potrebbe accadere. In entrambi i casi, queste emozioni possono diventare schiaccianti, impedendoci di agire e di perseguire i nostri obiettivi.

Una delle prime cose da fare per affrontare le paure e le ansie è prenderne coscienza. Spesso, tendiamo a evitare le situazioni o le emozioni che ci spaventano, ma questa evitazione può alimentare ulteriormente le nostre paure.

Prendersi il tempo per riflettere sulle nostre paure e le ansie, capire cosa le sta alimentando e come influenzano il nostro comportamento, è fondamentale per poterle superare.

Un altro passo importante è imparare a gestire l'ansia. La pratica della mindfulness e della meditazione può essere molto utile per ridurre l'ansia e sviluppare un maggiore senso di calma interiore. Attraverso queste pratiche, impariamo a essere presenti nel momento presente e a lasciar andare i pensieri ansiosi che ci tormentano.

L'affrontare le paure richiede anche il coraggio di affrontarle direttamente. Ciò significa mettersi alla prova e sfidare le paure, anche se inizialmente ci sembra difficile o spaventoso. Prendere piccoli passi progressivi può essere un modo efficace per costruire fiducia e superare le paure gradualmente.

Un altro aspetto importante nel processo di affrontare le paure è il supporto sociale. Condividere le nostre paure con persone fidate può essere molto liberatorio e può aiutarci a vedere le cose da una prospettiva diversa. Il sostegno e l'incoraggiamento degli altri possono darci la forza e il coraggio di affrontare le nostre paure con determinazione.

Affrontare le paure ci permette di superare i limiti autoimposti e di aprirci a nuove possibilità nella vita. Con l'aiuto della psicologia positiva, i lettori imparano a riconoscere le paure come parte normale della vita umana e a sviluppare una mentalità resiliente e fiduciosa.

Affrontare le paure e le ansie è un viaggio che richiede impegno e determinazione, ma è un percorso che vale la pena intraprendere. Attraverso l'affrontare le paure, possiamo liberarci dalle catene dell'insicurezza e raggiungere una maggiore autostima e benessere psicologico. E'necessario quindi prendere il controllo delle proprie paure e a scoprire il potere di una mente positiva e resiliente.

Capitolo 2: La psicologia della fiducia in se stessi

Costruire una base solida di autostima è un processo fondamentale per sviluppare una mente positiva e sicura di sé. L'autostima è il modo in cui ci percepiamo e ci valutiamo come individui. Una base solida di autostima ci permette di affrontare le sfide della vita con fiducia e di mantenere una visione positiva di noi stessi, indipendentemente dalle difficoltà che possiamo incontrare lungo il percorso.

Una delle prime tappe per costruire l'autostima è imparare a riconoscere e accettare i nostri punti di forza e debolezza. Spesso, ci concentriamo solo sulle nostre mancanze e imperfezioni, ignorando i nostri talenti e successi. Riconoscere le nostre qualità positive e apprezzare i nostri successi ci permette di sviluppare una visione più equilibrata e realistica di noi stessi.

Un altro aspetto cruciale è imparare a praticare l'autocompassione. Troppo spesso siamo molto critici con noi stessi, giudicandoci duramente per gli errori o le imperfezioni. Coltivare l'autocompassione significa trattare noi stessi con la stessa gentilezza e comprensione che riserviamo agli altri. Quando ci concediamo la stessa compassione che avremmo per un amico in difficoltà, possiamo costruire una base solida di autostima e affrontare i momenti difficili con più resilienza.

Un altro aspetto importante nel costruire l'autostima è mettersi alla prova e prendere rischi. Affrontare nuove sfide e provare nuove esperienze può aiutarci a superare i nostri limiti autoimposti e a scoprire nuove capacità e potenzialità. Superare le sfide con successo ci fa sentire più competenti e capaci, aumentando la nostra autostima.

Un altro aspetto chiave è stabilire obiettivi realistici e raggiungibili. Avere obiettivi chiari ci fornisce uno scopo e un senso di direzione nella vita. Quando ci impegniamo nella realizzazione di obiettivi realizzabili, rafforziamo la nostra fiducia in noi stessi e costruiamo una base solida di autostima.

La gestione delle critiche è anche un aspetto cruciale nell'edificazione dell'autostima. Le critiche possono essere dolorose e possono minare la nostra fiducia in noi stessi. Imparare a filtrare le critiche costruttive da quelle distruttive e imparare da esse ci permette di crescere e migliorare senza danneggiare la nostra autostima.

La pratica della gratitudine è un altro strumento potente per costruire una base solida di autostima. Essere grati per ciò che abbiamo e per le esperienze positive nella nostra vita ci aiuta a sviluppare un atteggiamento positivo e apprezzativo verso noi stessi. La gratitudine ci ricorda che siamo degni di amore e di cose positive nella vita, contribuendo a rafforzare la nostra autostima.

Fondamentale è l'analisi delle qualità e risorse interne, sostenuti nel processo di costruzione dell'autostima.

La costruzione dell'autostima appare come un processo graduale e continuo. La crescita personale richiede tempo e dedizione, ma con il tempo è possibile sviluppare una base solida di autostima che sostenga il raggiungimento dei vostri obiettivi e la scoperta del vostro valore e potenziale. La costruzione dell'autostima è un investimento prezioso per il benessere psicologico e la felicità complessiva, permette di affrontare la vita con una mente positiva e sicura di sé.

Costruire una base solida di autostima è un percorso di crescita personale essenziale per raggiungere una mente positiva e sicura di sé. L'autostima è la valutazione soggettiva che facciamo di noi stessi e ha un profondo impatto sulla nostra percezione del mondo e sulla nostra capacità di affrontare le sfide della vita. Affrontare il processo di costruzione dell'autostima richiede consapevolezza, impegno e un atteggiamento compassionevole verso se stessi.

Il primo passo per costruire una base solida di autostima è diventare consapevoli del nostro dialogo interno. Spesso, siamo i nostri critici più severi, con una voce interna che si focalizza sulle nostre mancanze e debolezze. Questa autocrítica costante può minare la nostra fiducia e alimentare un ciclo di insicurezza. Diventare consapevoli di questo dialogo interno negativo è il primo passo per iniziare a trasformare il nostro modo di pensare.

Il secondo passo è imparare a sostituire i pensieri negativi con affermazioni positive e costruttive. La pratica delle affermazioni è uno strumento potente per rafforzare l'autostima e aumentare la fiducia in se stessi. Ripetere affermazioni come "sono capace di affrontare le sfide con coraggio" o "merito amore e rispetto" può aiutare a riscrivere il nostro dialogo interno e a sviluppare una prospettiva più positiva su di noi stessi.

Un altro aspetto cruciale per costruire l'autostima è imparare a riconoscere e apprezzare i nostri punti di forza e talenti. Troppo spesso ci concentriamo solo sulle nostre debolezze e ci dimentichiamo delle nostre qualità positive. Prendersi il tempo per riflettere sui nostri successi e riconoscere ciò che ci rende unici ci aiuta a sviluppare una visione più equilibrata di noi stessi e a costruire una base solida di autostima.

Un altro aspetto cruciale nel processo di costruzione dell'autostima è la pratica della gratitudine. Essere grati per ciò che abbiamo e per le esperienze positive nella nostra vita ci aiuta a sviluppare un atteggiamento di apprezzamento verso noi stessi e verso gli altri. La gratitudine ci ricorda che siamo degni di amore e di cose positive nella vita, contribuendo a rafforzare la nostra autostima.

Un aspetto spesso trascurato ma fondamentale per costruire una base solida di autostima è imparare a prendersi cura di sé stessi. Prendersi il tempo per curare il proprio corpo e la propria mente, praticando l'autocura e l'amore verso se stessi, è essenziale per sviluppare una sana autostima. Questo può includere l'adottare uno stile di vita sano, dedicarsi a attività che ci portano gioia e benessere, e imparare a impostare confini sani nelle relazioni con gli altri.

Affrontare e superare le paure e le insicurezze è un altro aspetto cruciale nel processo di costruzione dell'autostima. Spesso le paure possono ostacolare il nostro percorso di crescita e impedirci di realizzare il nostro pieno potenziale. Affrontare le paure e le insicurezze richiede coraggio e determinazione, ma il superarle ci permette di crescere e di sviluppare una maggiore fiducia in noi stessi.

In conclusione, costruire una base solida di autostima è un viaggio personale di scoperta e crescita. Imparare a riconoscere e trasformare il nostro dialogo interno, praticare l'autocompassione, riconoscere i nostri punti di forza e talenti, e adottare una prospettiva di gratitudine verso noi stessi sono passaggi chiave per sviluppare una mente positiva e sicura di sé. Con il sostegno della psicologia positiva e l'impegno personale, possiamo costruire una base solida di autostima che ci sostenga nella realizzazione dei nostri obiettivi e nella costruzione di una vita soddisfacente e significativa.

Coltivare la fiducia attraverso la crescita personale è un processo prezioso per sviluppare una mente positiva e resiliente. La fiducia in se stessi è fondamentale per affrontare le sfide della vita e raggiungere il successo in vari ambiti, sia personali che professionali. La crescita personale è un viaggio di scoperta interiore e di sviluppo delle nostre capacità, che ci permette di abbracciare il nostro potenziale e di superare le insicurezze.

Un aspetto chiave della crescita personale per coltivare la fiducia è l'autoconsapevolezza. Conoscere e comprendere i nostri punti di forza e debolezza ci permette di avere una visione realistica di noi stessi. Questa autoconsapevolezza ci aiuta a identificare i limiti autoimposti e a intraprendere azioni per superarli. Riconoscere le nostre paure e le insicurezze è un passo fondamentale per affrontarle con determinazione e fiducia.

Un altro aspetto cruciale della crescita personale è l'impegno per l'apprendimento continuo. La ricerca di nuove conoscenze e competenze ci permette di crescere e di sviluppare nuove abilità. L'apprendimento ci rende più competenti e sicuri delle nostre capacità, aumentando la fiducia in noi stessi. Attraverso l'acquisizione di nuove competenze, possiamo affrontare le sfide con maggiore sicurezza e fiducia nel nostro potenziale.

La pratica della resilienza è un altro aspetto fondamentale della crescita personale per coltivare la fiducia. La resilienza ci permette di affrontare le difficoltà e le sconfitte con una prospettiva positiva. Capire che gli errori e le sfide fanno parte del percorso di crescita ci aiuta a sviluppare una mentalità più positiva e fiduciosa. Ogni insuccesso può diventare un'opportunità per imparare e crescere, costruendo la nostra fiducia nel superare ostacoli futuri.

La crescita personale ci invita anche a prendere il controllo della nostra vita e delle nostre scelte. Quando riconosciamo il potere che abbiamo nell'influenzare il nostro destino, ci sentiamo più fiduciosi e responsabili delle nostre azioni. Prendere decisioni consapevoli e intraprendere azioni mirate ci aiuta a sviluppare una mente proattiva e fiduciosa nel plasmare la nostra realtà.

La pratica dell'autocompassione è un altro aspetto cruciale per la crescita personale e la coltivazione della fiducia. Spesso, siamo molto più severi con noi stessi di quanto lo siamo con gli altri. Imparare a trattarci con gentilezza e comprensione ci permette di perdonarci per gli errori e le imperfezioni e di sviluppare una visione più amorevole e accettante di noi stessi.

La crescita personale ci invita anche a costruire relazioni significative e di supporto. Il sostegno di amici, familiari o mentori può essere fondamentale nel nostro percorso di crescita e di coltivazione della fiducia. Condividere le nostre sfide e i nostri successi con gli altri ci permette di sentirsi sostenuti e incoraggiati nel perseguire i nostri obiettivi.

La pratica della gratitudine è un altro strumento potente per coltivare la fiducia attraverso la crescita personale. Essere grati per ciò che abbiamo e per le esperienze positive ci aiuta a sviluppare un atteggiamento di apprezzamento verso noi stessi e verso la vita. La gratitudine ci ricorda che siamo degni di amore e di cose positive, contribuendo a rafforzare la nostra autostima e la fiducia nel nostro valore.

In conclusione, la crescita personale è un viaggio di esplorazione interiore e di sviluppo delle nostre capacità. Attraverso l'autoconsapevolezza, l'apprendimento continuo, la resilienza, l'autocompassione, il prendere il controllo della nostra vita e delle nostre scelte, la costruzione di relazioni significative e la pratica della gratitudine, possiamo coltivare una solida fiducia in noi stessi. La crescita personale ci offre gli strumenti per affrontare le sfide della vita con coraggio e determinazione, sviluppando una mente positiva e fiduciosa.

Riconoscere e superare l'autosabotaggio è un passo cruciale per sviluppare una mente positiva e raggiungere il proprio pieno potenziale. L'autosabotaggio si verifica quando ci mettiamo in modo inconscio o consapevole degli ostacoli al nostro successo e al nostro benessere.

Questo comportamento autodistruttivo può impedirci di raggiungere i nostri obiettivi e di vivere una vita soddisfacente e appagante.

Il primo passo per affrontare l'autosabotaggio è diventare consapevoli dei modelli di comportamento e di pensiero che ci stanno limitando. Spesso, l'autosabotaggio si manifesta attraverso autogiudizio e auto-critica e attraverso la paura dell'insuccesso o del giudizio degli altri. Essere consapevoli di questi schemi mentali negativi ci aiuta a smettere di ripeterli e a sostituirli con atteggiamenti più positivi.

Un altro aspetto cruciale è identificare le radici dell'autosabotaggio. Spesso, l'autosabotaggio ha radici profonde nel nostro passato, come esperienze di fallimento o critiche ricevute da altre persone. Esplorare queste esperienze e capire come ci hanno influenzato ci aiuta a comprendere meglio il nostro comportamento e a superare l'autosabotaggio.

La pratica della compassione verso se stessi è un altro strumento potente per superare l'autosabotaggio. Spesso, l'autosabotaggio è alimentato dalla paura di non essere all'altezza o di non essere degni del successo. Coltivare la compassione verso se stessi ci permette di riconoscere che siamo umani e che è normale fare errori. Accettare le nostre imperfezioni e trattarci con gentilezza ci aiuta a superare l'autosabotaggio e a sviluppare una maggiore autostima.

Un altro aspetto chiave per superare l'autosabotaggio è la pratica della mindfulness. Essere consapevoli dei nostri pensieri e delle nostre emozioni ci permette di interrompere i modelli autodistruttivi e di fare scelte più consapevoli e positive. La mindfulness ci aiuta a rimanere presenti nel momento presente e a smettere di preoccuparci eccessivamente del passato o del futuro.

Affrontare l'autosabotaggio richiede anche l'assunzione di responsabilità delle nostre azioni. Prendere consapevolmente decisioni che ci portano verso il successo e il benessere è fondamentale per superare l'autosabotaggio. Questo implica anche essere disposti a sperimentare il cambiamento e ad abbandonare le vecchie abitudini autodistruttive.

Un altro aspetto importante è cercare il supporto di professionisti qualificati, come psicologi o counselor, per affrontare l'autosabotaggio in modo più efficace. Un professionista può aiutare a identificare i modelli di autosabotaggio e a sviluppare strategie personalizzate per superarli.

La pratica dell'autocompassione è un altro strumento potente per superare l'autosabotaggio. Spesso, ci trattiamo con durezza e critichiamo noi stessi per gli errori e le imperfezioni. Coltivare l'autocompassione ci permette di trattarci con gentilezza e comprensione, proprio come faremmo con un amico in difficoltà. Questo atteggiamento amorevole ci aiuta a superare l'autosabotaggio e a sviluppare una maggiore fiducia in noi stessi.

In conclusione, riconoscere e superare l'autosabotaggio è un percorso di crescita personale che richiede consapevolezza, compassione e responsabilità. L'autosabotaggio può essere un ostacolo significativo nel raggiungimento del successo e del benessere, ma con l'impegno personale e il supporto di professionisti qualificati, possiamo superare i modelli autodistruttivi e sviluppare una mente positiva e resiliente. Liberarsi dall'autosabotaggio ci permette di esprimere il nostro pieno potenziale e di vivere una vita più autentica e soddisfacente.

L'importanza della gratitudine nell'aumento della fiducia è un aspetto fondamentale per sviluppare una mente positiva e resiliente. La gratitudine è l'atteggiamento di apprezzamento e riconoscenza verso le cose positive nella nostra vita. Quando coltiviamo la gratitudine, sviluppiamo una prospettiva più positiva e ottimistica, che a sua volta aumenta la nostra fiducia in noi stessi e nelle nostre capacità.

Praticare la gratitudine ci aiuta a concentrarci sulle cose buone invece di concentrarci solo sui problemi e sulle difficoltà. Spesso, tendiamo a dare per scontato le cose positive e a focalizzarci sugli aspetti negativi della nostra vita. Questo atteggiamento può minare la nostra fiducia e alimentare una visione pessimistica di noi stessi e della realtà. Attraverso la gratitudine, possiamo cambiare la nostra prospettiva e imparare a riconoscere le benedizioni e le opportunità che ci circondano.

La gratitudine ci aiuta anche a sviluppare una maggiore consapevolezza di noi stessi e delle nostre emozioni. Quando siamo grati, ci concentriamo sul momento presente e riconosciamo le emozioni positive che sperimentiamo. Questa consapevolezza ci permette di connetterci con i nostri sentimenti e di sviluppare una maggiore comprensione di noi stessi.

Un altro aspetto importante è il fatto che la gratitudine ci aiuta a coltivare una mentalità di abbondanza invece di una mentalità di scarsità. Quando ci concentriamo sulla gratitudine per ciò che abbiamo, ci rendiamo conto che abbiamo molte risorse e opportunità a nostra disposizione. Questa mentalità di abbondanza ci permette di sentirci più fiduciosi nel nostro potenziale e di credere che possiamo raggiungere i nostri obiettivi.

La pratica della gratitudine ci aiuta anche a sviluppare una maggiore resilienza di fronte alle avversità. Quando siamo grati per le cose buone nella nostra vita, possiamo affrontare le sfide con una prospettiva più positiva e speranzosa. La gratitudine ci sostiene nel superare i momenti difficili e ci aiuta a mantenere la fiducia nel nostro percorso di crescita personale.

Un altro aspetto cruciale dell'importanza della gratitudine nell'aumento della fiducia è il suo effetto positivo sulle nostre relazioni. Quando esprimiamo gratitudine verso gli altri, riconosciamo il valore che hanno nelle nostre vite e rafforziamo i legami con loro. Questo ci fa sentire più connessi e supportati, aumentando la nostra fiducia nel rapporto con gli altri.

La pratica della gratitudine ci ricorda che siamo co-creatori della nostra realtà e che possiamo influenzare il nostro benessere e la nostra felicità. Sviluppare la gratitudine come abitudine quotidiana ci aiuta a sviluppare una mente più positiva e fiduciosa. Possiamo coltivare la gratitudine attraverso la tenuta di un diario della gratitudine, in cui annotiamo ogni giorno le cose per cui siamo grati, o attraverso esercizi di meditazione e mindfulness incentrati sulla gratitudine.

In conclusione, l'importanza della gratitudine nell'aumento della fiducia è un aspetto chiave nel nostro percorso di crescita personale e di sviluppo di una mente positiva e resiliente. La pratica della gratitudine ci aiuta a cambiare la nostra prospettiva, a riconoscere le benedizioni nella nostra vita e a sviluppare una mentalità di abbondanza. Essere grati ci rende più consapevoli di noi stessi e delle nostre emozioni e ci aiuta a sviluppare una maggiore resilienza di fronte alle avversità. Inoltre, la gratitudine rafforza le nostre relazioni e ci fa sentire più connessi e supportati. Coltivare la gratitudine come abitudine quotidiana ci aiuta a sviluppare una mente positiva e fiduciosa, permettendoci di affrontare la vita con coraggio e speranza.

Capitolo 3: La forza della mente positiva

La forza della mente positiva è una risorsa potente per affrontare le sfide della vita e raggiungere il benessere psicologico e emotivo. La mente positiva è caratterizzata da un atteggiamento ottimista, dalla speranza e dalla fiducia nel potere del pensiero positivo. Coltivare una mente positiva non significa ignorare le difficoltà o negare le emozioni negative, ma piuttosto sviluppare la capacità di affrontare le avversità con resilienza e di focalizzarsi sulle opportunità e le soluzioni.

Una delle chiavi della forza della mente positiva è l'atteggiamento mentale. Le nostre credenze e le percezioni del mondo influenzano la nostra realtà e determinano come interpretiamo gli eventi. Una mente positiva è incline a vedere il lato positivo delle situazioni, a cercare soluzioni piuttosto che focalizzarsi sui problemi, e a credere nel proprio potenziale per superare le difficoltà.

La mente positiva è anche strettamente legata all'autostima e alla fiducia in se stessi. Quando siamo fiduciosi delle nostre capacità e del nostro valore, siamo più inclini a sviluppare una prospettiva positiva e a credere nel nostro successo. La fiducia in se stessi ci dà la forza di perseguire i nostri obiettivi con determinazione e di affrontare le sfide con coraggio.

La pratica dell'auto-motivazione è un altro aspetto chiave della forza della mente positiva. La motivazione interna ci spinge a fare azioni che ci avvicinano ai nostri obiettivi e ci permettono di superare le difficoltà. Quando siamo motivati, siamo più resilienti di fronte alle avversità e più propensi a perseverare nonostante gli ostacoli.

La forza della mente positiva si manifesta anche attraverso la pratica della gratitudine. Essere grati per ciò che abbiamo ci aiuta a mantenere una prospettiva positiva e a concentrarci sulle cose positive nella nostra vita. La gratitudine ci aiuta a sviluppare una prospettiva di abbondanza e a riconoscere le benedizioni e le opportunità che ci circondano.

Un altro aspetto importante della forza della mente positiva è la resilienza emotiva. La resilienza ci permette di affrontare le emozioni negative e di superare i momenti difficili senza lasciarci sopraffare da esse. Essere resilienti ci aiuta a mantenere la calma e il controllo di fronte alle avversità, permettendoci di affrontarle con una prospettiva positiva.

La forza della mente positiva è anche strettamente legata alla pratica della mindfulness. Essere consapevoli del momento presente ci aiuta a rimanere focalizzati e presenti nelle nostre azioni. La mindfulness ci aiuta a smettere di preoccuparci eccessivamente del passato o del futuro e a concentrarci sul qui e ora.

Un altro aspetto cruciale della forza della mente positiva è la capacità di adattarsi ai cambiamenti. La vita è piena di sfide e cambiamenti, e una mente positiva ci permette di affrontarli con flessibilità e di adattarci alle nuove situazioni. Essere aperti al cambiamento e alla crescita ci aiuta a mantenere una prospettiva positiva e a superare le difficoltà con resilienza.

In conclusione, la forza della mente positiva è un potente strumento per affrontare le sfide della vita e raggiungere il benessere psicologico ed emotivo. Una mente positiva è caratterizzata da un atteggiamento ottimista, dalla fiducia in se stessi e nella propria capacità di superare le difficoltà, dalla pratica della gratitudine e dalla resilienza emotiva. Coltivare una mente positiva richiede impegno e pratica costante, ma i benefici sono significativi e possono contribuire a migliorare la qualità della nostra vita e delle nostre relazioni con gli altri. La forza della mente positiva ci dà il coraggio di affrontare la vita con speranza e fiducia nel futuro.

Abbracciare l'ottimismo e il pensiero positivo è una chiave per vivere una vita più felice, soddisfacente e piena di significato. L'ottimismo non riguarda semplicemente il vedere il bicchiere mezzo pieno invece che mezzo vuoto, ma è uno stile di pensiero e un atteggiamento mentale che influenzano profondamente la nostra prospettiva e le nostre azioni.

L'ottimismo ci aiuta a sviluppare una visione più positiva della vita e del futuro. Quando siamo ottimisti, crediamo nel nostro potenziale e nella possibilità di realizzare i nostri sogni e obiettivi. Questa prospettiva positiva ci spinge a perseguire con entusiasmo le nostre passioni e a intraprendere azioni per realizzare ciò che desideriamo.

Un altro aspetto cruciale dell'ottimismo è la sua capacità di affrontare le sfide con coraggio e determinazione. Mentre le difficoltà e gli ostacoli sono parte integrante della vita, l'ottimismo ci aiuta a vedere queste situazioni come opportunità di crescita e apprendimento. Affrontiamo le sfide con una prospettiva costruttiva, cercando soluzioni e strategie per superarle.

L'ottimismo è strettamente collegato alla nostra salute mentale e fisica. Numerosi studi hanno dimostrato che gli individui ottimisti hanno una maggiore resilienza e un minor rischio di sviluppare disturbi psicologici, come depressione e ansia. Inoltre, l'ottimismo è associato a una migliore gestione dello stress e a una maggiore capacità di adattarsi ai cambiamenti.

Un altro aspetto importante è che l'ottimismo influenza le nostre relazioni con gli altri. Le persone ottimiste tendono ad essere più socievoli, empatiche e generose. La loro energia positiva attrae le persone e crea connessioni significative con gli altri. Inoltre, l'ottimismo è contagioso e può ispirare gli altri a sviluppare una prospettiva più positiva sulla vita.

Un elemento chiave dell'ottimismo è il pensiero positivo. Ciò significa focalizzarsi sui lati positivi delle situazioni e delle persone, evitando di lasciarsi trascinare da pensieri negativi e autodistruttivi. Il pensiero positivo ci aiuta a sperimentare più emozioni positive, come la gioia e la gratitudine, che a loro volta influenzano il nostro benessere psicologico ed emotivo.

La pratica del pensiero positivo richiede consapevolezza e impegno costante. Possiamo coltivare il pensiero positivo attraverso l'auto-osservazione e l'autoriflessione, riconoscendo i nostri pensieri negativi e cercando di sostituirli con pensieri più positivi e costruttivi. Inoltre, possiamo utilizzare affermazioni positive e visualizzazioni per rafforzare il nostro atteggiamento mentale positivo.

Un altro aspetto importante è che l'ottimismo non significa ignorare le sfide e le difficoltà della vita. L'ottimismo è un modo di affrontare le situazioni con una prospettiva positiva e fiduciosa, ma ciò non esclude il riconoscimento delle difficoltà e delle emozioni negative. Abbracciare l'ottimismo ci permette di affrontare le sfide con una mente aperta e una visione speranzosa, che ci sostiene nel superare le avversità con resilienza e coraggio.

In conclusione, abbracciare l'ottimismo e il pensiero positivo è un elemento chiave per vivere una vita più appagante e soddisfacente. L'ottimismo ci aiuta a sviluppare una visione positiva della vita, a fronteggiare le sfide con coraggio e determinazione, e a migliorare il nostro benessere psicologico ed emotivo. Il pensiero positivo ci permette di focalizzarci sui lati luminosi della vita e di coltivare relazioni significative con gli altri. La pratica costante dell'ottimismo richiede consapevolezza e impegno, ma i benefici sono numerosi e contribuiscono a migliorare la nostra qualità di vita e il nostro benessere generale.

Trasformare gli ostacoli in opportunità è una competenza preziosa per affrontare le sfide della vita con determinazione e resilienza. Gli ostacoli fanno parte integrante dell'esperienza umana e possono manifestarsi in diverse forme, come difficoltà personali, fallimenti, cambiamenti improvvisi o situazioni impreviste. La capacità di affrontare gli ostacoli con una prospettiva positiva e di vedere le opportunità nascoste in essi ci aiuta a crescere e a sviluppare il nostro potenziale.

Un aspetto cruciale per trasformare gli ostacoli in opportunità è il modo in cui interpretiamo e reagiamo alle sfide. Se percepiamo gli ostacoli come insormontabili o come prove del nostro fallimento, ci sentiremo scoraggiati e impotenti. D'altra parte, se affrontiamo gli ostacoli con un'attitudine aperta e positiva, possiamo vedere le possibilità di crescita e di apprendimento che si celano dietro di essi.

Un elemento chiave è la flessibilità mentale e la capacità di adattarsi ai cambiamenti. Spesso, gli ostacoli ci costringono a riconsiderare i nostri piani e a cercare nuove soluzioni. Essere flessibili ci permette di abbracciare i cambiamenti e di trovare nuove strade per raggiungere i nostri obiettivi.

Un altro aspetto importante è il riconoscimento delle risorse interne ed esterne a nostra disposizione. Quando ci troviamo di fronte a un ostacolo, è essenziale riflettere sulle nostre abilità, talenti e risorse, così come cercare il supporto e l'aiuto di altre persone. Questo ci permette di affrontare l'ostacolo con maggiore sicurezza e di trovare nuove strategie per superarlo.

La pratica della mindfulness è uno strumento utile per trasformare gli ostacoli in opportunità. Essere consapevoli del momento presente ci aiuta a vedere le situazioni con chiarezza e a reagire in modo più calmo e riflessivo. La mindfulness ci permette di rimanere centrati nel presente, evitando di essere sopraffatti dalla paura o dall'ansia per il futuro.

Trasformare gli ostacoli in opportunità richiede anche un cambiamento di prospettiva. Invece di vedere gli ostacoli come qualcosa di negativo o come un fallimento, possiamo considerarli come opportunità di crescita e di apprendimento. Gli ostacoli ci spingono a superare i nostri limiti, a sviluppare nuove competenze e a scoprire lati di noi stessi che non conoscevamo.

La pratica della gratitudine è un altro aspetto importante per trasformare gli ostacoli in opportunità. Essere grati per le sfide che incontriamo ci aiuta a sviluppare una prospettiva più positiva e a vedere il valore delle esperienze difficili. La gratitudine ci permette di coltivare una mente aperta e un cuore compassionevole, che ci sostiene nel processo di trasformazione degli ostacoli.

Un altro elemento chiave è la persistenza e la determinazione nel perseguire i nostri obiettivi nonostante gli ostacoli. Trasformare gli ostacoli in opportunità richiede impegno e resilienza nel continuare a muoverci avanti, anche quando le cose diventano difficili. La persistenza ci aiuta a superare le sfide con coraggio e a scoprire il nostro potenziale di resilienza e di crescita personale.

In conclusione, trasformare gli ostacoli in opportunità è un aspetto cruciale per affrontare le sfide della vita con determinazione e resilienza. La capacità di affrontare gli ostacoli con una prospettiva positiva e di vedere le possibilità di crescita e di apprendimento che si celano dietro di essi ci permette di sviluppare il nostro potenziale e di raggiungere i nostri obiettivi. La flessibilità mentale, il riconoscimento delle risorse a nostra disposizione, la pratica della mindfulness, la gratitudine, la persistenza e la determinazione sono tutti strumenti che ci aiutano nel processo di trasformazione degli ostacoli. Coltivare una mente aperta e positiva ci permette di vivere una vita più ricca e significativa, piena di opportunità e di crescita personale.

La visualizzazione creativa è una potente tecnica psicologica che ci aiuta a raggiungere i nostri obiettivi e a realizzare i nostri sogni. Questa pratica coinvolge l'uso dell'immaginazione per creare una rappresentazione mentale vivida e dettagliata del nostro obiettivo desiderato. Attraverso la visualizzazione, possiamo immaginare noi stessi già in possesso di ciò che vogliamo raggiungere, sperimentando le emozioni positive associate al successo.

Uno degli aspetti chiave della visualizzazione creativa è la chiarezza dell'obiettivo. Prima di iniziare la pratica, è essenziale avere una visione chiara e definita del risultato che vogliamo ottenere. Questo ci aiuta a concentrare l'energia e l'attenzione sulle azioni necessarie per raggiungere il nostro scopo.

La visualizzazione creativa è efficace perché coinvolge sia la mente cosciente che l'inconscio. Quando ci immaginiamo raggiungere il nostro obiettivo con vividi dettagli, il nostro cervello interpreta queste immagini come esperienze reali, innescando le stesse reazioni neurologiche ed emotive che avremmo se stessimo vivendo quella situazione effettivamente. Questo aiuta a rafforzare la nostra fiducia e la nostra determinazione nel perseguire l'obiettivo.

La pratica della visualizzazione creativa è anche un potente strumento per superare blocchi mentali e limitazioni autolimitanti. Spesso, la paura del fallimento o l'autodubbio possono ostacolare il nostro cammino verso il successo. Con la visualizzazione, possiamo immaginare noi stessi superare queste paure e raggiungere il nostro obiettivo con sicurezza e fiducia. Questo ci aiuta a rafforzare la nostra convinzione nel nostro potenziale e a superare gli ostacoli che incontriamo lungo il percorso.

La visualizzazione creativa è particolarmente efficace quando è accompagnata da una forte emotività. Immaginare il raggiungimento del nostro obiettivo con intensa gioia, gratitudine e soddisfazione aumenta il potere della pratica. Le emozioni positive associate alla visualizzazione rafforzano il nostro impegno e la nostra motivazione nel perseguire il nostro obiettivo.

Un aspetto cruciale della visualizzazione creativa è la costanza e la regolarità nella pratica. Come qualsiasi altra abilità, la visualizzazione richiede esercizio e impegno costante. Possiamo integrare la visualizzazione nella nostra routine quotidiana, dedicando del tempo ogni giorno per immaginare il raggiungimento del nostro obiettivo con chiarezza e passione.

La visualizzazione creativa può essere utilizzata in diversi ambiti della vita, sia personali che professionali. Possiamo utilizzarla per migliorare la nostra autostima e fiducia in noi stessi, per raggiungere obiettivi di carriera, per affrontare situazioni difficili o per sviluppare nuove abilità. La versatilità della visualizzazione la rende uno strumento prezioso per il nostro benessere e crescita personale.

Da un punto di vista neurologico, la pratica della visualizzazione stimola le stesse aree del cervello coinvolte nell'apprendimento e nell'esecuzione di azioni reali. Questo può migliorare la nostra capacità di eseguire le azioni necessarie per raggiungere l'obiettivo desiderato, poiché il nostro cervello è già "allenato" attraverso la visualizzazione.

In conclusione, la visualizzazione creativa è una potente pratica che ci aiuta a raggiungere i nostri obiettivi e a realizzare i nostri sogni. Attraverso l'uso dell'immaginazione e delle emozioni positive, possiamo creare una rappresentazione mentale vivida e dettagliata del nostro obiettivo desiderato. Questo coinvolge sia la mente cosciente che l'inconscio, rafforzando la nostra fiducia e la nostra determinazione nel perseguire il nostro scopo. La chiarezza dell'obiettivo, la forza emotiva, la costanza nella pratica e la versatilità della visualizzazione la rendono uno strumento prezioso per il nostro benessere e crescita personale. Utilizzando la visualizzazione creativa, possiamo trasformare i nostri sogni in realtà e raggiungere il successo che desideriamo.

Il potere dell'autosuggestione nella ristrutturazione mentale è una delle forze più potenti della mente umana. L'autosuggestione si riferisce alla capacità di influenzare i nostri pensieri, emozioni e comportamenti attraverso messaggi e affermazioni che ci diciamo a noi stessi consapevolmente o inconsciamente. Questo processo sfrutta la plasticità del nostro cervello, cioè la sua capacità di modificare le connessioni neurali e adattarsi alle esperienze e agli stimoli.

L'autosuggestione è basata sull'idea che ciò che pensiamo e ciò che diciamo a noi stessi influenzi direttamente il nostro modo di percepire la realtà e di comportarci. Se continuiamo a ripeterci affermazioni positive e costruttive, il nostro cervello inizia a crederci e ad attivare una serie di risposte neurali che si traducono in un cambiamento di atteggiamento e comportamento.

La ristrutturazione mentale attraverso l'autosuggestione richiede consapevolezza e pratica costante. La prima fase è diventare consapevoli dei nostri pensieri e delle affermazioni che facciamo a noi stessi. Spesso, siamo inconsci delle nostre convinzioni negative o autolimitanti, che possono sabotare il nostro benessere e il nostro successo.

Una volta riconosciuti i pensieri limitanti, possiamo iniziare a sostituirli con affermazioni positive e costruttive. Ad esempio, se abbiamo l'abitudine di pensare "non sono abbastanza bravo per questo", possiamo trasformarlo in "sono capace e meritevole di successo". Questo processo richiede pratica costante, poiché il nostro cervello ha un'abitudine di rispondere automaticamente a certi pensieri.

Le affermazioni positive devono essere formulate in modo chiaro, semplice e al presente. Dovrebbero essere in linea con l'obiettivo che vogliamo raggiungere e riflettere una prospettiva realistica e ottimistica. Ad esempio, invece di dire "un giorno diventerò un esperto nel mio campo", possiamo affermare "sono in costante crescita e sto diventando sempre più competente nel mio campo".

La pratica dell'autosuggestione può avvenire attraverso diverse modalità. La ripetizione costante delle affermazioni è una delle strategie più efficaci. Possiamo scrivere le affermazioni e leggerle ad alta voce ogni giorno, oppure possiamo ripeterle mentalmente durante momenti di meditazione o di rilassamento.

Un'altra modalità è l'utilizzo di visualizzazioni. Possiamo immaginare noi stessi raggiungere i nostri obiettivi e vivere le affermazioni come se fossero già realtà. Questo coinvolge il nostro cervello in modo più profondo ed emotivo, rafforzando l'impatto dell'autosuggestione.

L'autosuggestione è una pratica che può essere applicata in diversi aspetti della vita. Possiamo utilizzarla per migliorare l'autostima, aumentare la fiducia in noi stessi, affrontare situazioni difficili o per raggiungere obiettivi specifici. La chiave è la coerenza e la costanza nella pratica.

Un aspetto importante da considerare è che l'autosuggestione non è una panacea per risolvere tutti i nostri problemi. È uno strumento efficace, ma deve essere integrato con altre pratiche e strategie per il miglioramento personale. La combinazione di autosuggestione con l'azione concreta e l'impegno verso i nostri obiettivi è ciò che porta ai risultati desiderati.

In conclusione, il potere dell'autosuggestione nella ristrutturazione mentale è una forza potente che possediamo e possiamo utilizzare a nostro vantaggio. La nostra mente ha una grande capacità di adattarsi e cambiare, e l'autosuggestione è uno strumento che ci permette di plasmare i nostri pensieri e comportamenti in modo più positivo e costruttivo. La pratica costante e consapevole dell'autosuggestione ci aiuta a liberarci dai pensieri limitanti e a sviluppare una mentalità più ottimista e fiduciosa. Coltivare una mente positiva e resiliente attraverso l'autosuggestione ci aiuta raggiungere il benessere psicologico ed emotivo e a realizzare il nostro potenziale di crescita personale.

Capitolo 4: Gestire lo stress e l'ansia

Gestire lo stress e l'ansia è un aspetto essenziale per il benessere psicologico ed emotivo. Lo stress e l'ansia sono reazioni naturali del nostro corpo a situazioni percepite come minacciose o sfidanti. Tuttavia, quando questi stati diventano cronici o eccessivi, possono avere un impatto negativo sulla nostra salute e sulla nostra qualità di vita. Imparare a gestire lo stress e l'ansia è fondamentale per vivere una vita equilibrata e soddisfacente.

Una delle strategie più efficaci per gestire lo stress e l'ansia è la pratica della mindfulness. La mindfulness è una forma di consapevolezza che ci aiuta a rimanere presenti nel momento attuale e a osservare i nostri pensieri e le nostre emozioni senza giudicarli. Attraverso la mindfulness, possiamo imparare a riconoscere gli stati di tensione e ansia nel nostro corpo e a lasciarli andare, favorendo un senso di calma e rilassamento.

La pratica della mindfulness può essere integrata nella nostra routine quotidiana attraverso esercizi di respirazione, meditazione e consapevolezza durante le attività quotidiane. Quando sviluppiamo una maggiore consapevolezza del nostro stato mentale ed emotivo,

consapevolezza del nostro stato mentale ed emotivo,

diventa più facile riconoscere i segnali precoci di stress e ansia e intervenire prima che si intensifichino.

Un altro aspetto cruciale per gestire lo stress e l'ansia è l'adozione di uno stile di vita sano ed equilibrato. Un'alimentazione sana, l'esercizio fisico regolare e un adeguato riposo sono fondamentali per mantenere il nostro corpo e la nostra mente in uno stato ottimale di benessere. Uno stile di vita sano ci aiuta a ridurre l'accumulo di tensione e a migliorare la nostra capacità di far fronte allo stress.

La gestione dello stress e dell'ansia implica anche la capacità di identificare e affrontare le fonti di stress nella nostra vita. Possiamo imparare a riconoscere gli eventi o le situazioni che ci causano stress e ad adottare strategie di adattamento più efficaci. Ciò può includere l'organizzazione delle nostre attività, l'apprendimento di tecniche di gestione del tempo e l'adattamento delle nostre aspettative alle situazioni.

Un aspetto importante della gestione dello stress e dell'ansia è la ricerca di supporto sociale. Parlare dei nostri sentimenti e delle nostre preoccupazioni con persone fidate ci aiuta a condividere il peso emotivo e a trovare nuove prospettive. Il sostegno sociale ci offre anche un senso di appartenenza e di connessione, che sono fondamentali per il nostro benessere emotivo.

L'auto-compassione è un altro elemento chiave nella gestione dello stress e dell'ansia. Spesso, siamo molto severi e critici verso noi stessi quando siamo sotto pressione o facciamo errori. L'auto-compassione ci insegna ad essere gentili e compassionevoli con noi stessi, accettando le nostre imperfezioni e imparando dai nostri errori senza giudicarci duramente.

Alcune tecniche di rilassamento, come lo yoga, il tai chi o la visualizzazione, possono essere utili per ridurre lo stress e l'ansia. Queste pratiche incoraggiano il rilassamento del corpo e della mente, aiutandoci a liberarci dalla tensione e a trovare uno stato di calma interiore.

Infine, quando lo stress e l'ansia diventano sopraffacenti o interferiscono significativamente nella nostra vita quotidiana, è importante chiedere aiuto professionale. Un terapeuta o uno psicologo può aiutarci a esplorare le cause sottostanti dello stress e dell'ansia e a sviluppare strategie di coping più efficaci.

In conclusione, gestire lo stress e l'ansia è fondamentale per il nostro benessere psicologico ed emotivo. La pratica della mindfulness, uno stile di vita sano, l'identificazione delle fonti di stress, il supporto sociale, l'auto-compassione e le tecniche di rilassamento sono tutte strategie utili per affrontare lo stress e l'ansia in modo efficace. Prendersi cura di se stessi e sviluppare una prospettiva più equilibrata ci aiuta a vivere una vita più serena e soddisfacente.

Comprendere la natura dello stress e dell'ansia è il primo passo fondamentale per imparare a gestirli in modo efficace. Lo stress e l'ansia sono reazioni naturali del nostro corpo di fronte a situazioni percepite come minacciose o sfidanti. Queste risposte fisiologiche sono parte integrante della nostra sopravvivenza ed evoluzione come esseri umani.

Lo stress è una risposta del nostro corpo a una richiesta o una situazione che ci mette sotto pressione. Può essere causato da eventi esterni, come scadenze lavorative, problemi finanziari o cambiamenti improvvisi nella vita, oppure da pensieri e preoccupazioni interni, come auto-dubbio e paura del futuro. Il nostro corpo reagisce allo stress attraverso l'attivazione del sistema nervoso simpatico, che porta a un aumento della frequenza cardiaca, della pressione sanguigna e del rilascio di ormoni dello stress come il cortisolo.

L'ansia, d'altra parte, è una forma di paura anticipatoria o apprensione riguardo a eventi futuri o situazioni incerte. Mentre lo stress è spesso legato a eventi specifici, l'ansia è più generale e diffusa. L'ansia può essere normale e utile in alcune situazioni, poiché ci aiuta a prepararci a fronteggiare le sfide. Tuttavia, quando diventa eccessiva e persistente, può interferire nella nostra capacità di funzionare normalmente e di godere della vita.

Capire la natura dello stress e dell'ansia ci aiuta a riconoscere i segnali precoci di queste reazioni nel nostro corpo e nella nostra mente. Alcuni segnali fisici dello stress possono includere tensione muscolare, mal di testa, disturbi del sonno e problemi digestivi. L'ansia, invece, può manifestarsi attraverso sintomi come agitazione, palpiti, sudorazione e difficoltà di concentrazione.

È importante sottolineare che lo stress e l'ansia non sono necessariamente negativi. In alcune situazioni, possono essere motivanti e ci spingono a essere più efficienti e reattivi. Tuttavia, quando diventano cronici o sopraffacenti, possono avere un impatto negativo sulla nostra salute fisica e mentale.

Un aspetto cruciale per comprendere la natura dello stress e dell'ansia è il riconoscimento dei fattori di stress e delle fonti di ansia nella nostra vita. Ogni individuo può essere influenzato da fattori di stress diversi, e le fonti di ansia possono variare da persona a persona. Identificare le situazioni, le persone o gli eventi che ci mettono sotto pressione ci permette di adottare strategie specifiche per affrontarli in modo più efficace.

Una delle chiavi per gestire lo stress e l'ansia è sviluppare una prospettiva più resiliente e positiva. Questo non significa evitare completamente lo stress o l'ansia, ma piuttosto imparare a farvi fronte in modo costruttivo. La pratica della mindfulness è un potente strumento che ci aiuta a restare presenti nel momento attuale e ad affrontare le sfide con una prospettiva più equilibrata.

Imparare a rilassarsi e a prendersi del tempo per se stessi è un altro aspetto importante nella gestione dello stress e dell'ansia. Le tecniche di rilassamento, come la meditazione, lo yoga o la respirazione profonda, ci aiutano a ridurre la tensione fisica e mentale e a creare uno spazio per il riposo e il rinnovamento.

La comprensione della natura dello stress e dell'ansia ci insegna anche a essere gentili e compassionevoli con noi stessi. Spesso, tendiamo a essere molto duri con noi stessi quando ci sentiamo stressati o ansiosi. La pratica dell'auto-compassione ci permette di trattarci con amore e gentilezza, accettando i nostri limiti e riconoscendo che siamo umani e che possiamo fare del nostro meglio.

In conclusione, comprendere la natura dello stress e dell'ansia è essenziale per imparare a gestirli in modo efficace. Lo stress e l'ansia sono reazioni naturali del nostro corpo e possono essere utili in alcune situazioni. Tuttavia, quando diventano eccessivi o cronici, possono avere un impatto negativo sulla nostra salute e benessere. La pratica della mindfulness, l'identificazione delle fonti di stress e di ansia, lo sviluppo di una prospettiva resiliente e positiva, l'adozione di tecniche di rilassamento e l'auto-compassione sono tutte strategie utili per affrontare lo stress e l'ansia in modo efficace e vivere una vita più equilibrata e soddisfacente.

Le tecniche di rilassamento sono preziosi strumenti per il controllo emotivo e il benessere psicologico. Attraverso queste pratiche, possiamo imparare a ridurre lo stress, l'ansia e altre emozioni negative, permettendoci di affrontare le sfide della vita in modo più calmo e equilibrato.

Una delle tecniche di rilassamento più comuni è la respirazione profonda. Questa pratica coinvolge il rallentamento del ritmo respiratorio e l'approfondimento del respiro. Inspirando lentamente e profondamente attraverso il naso, possiamo riempire i polmoni di aria e rilassare il corpo. Espirando dolcemente attraverso la bocca, possiamo rilasciare la tensione e lo stress accumulato. La respirazione profonda attiva il sistema nervoso parasimpatico, che è responsabile del rilassamento e del ripristino del corpo.

La meditazione è un'altra tecnica di rilassamento ampiamente utilizzata. La meditazione coinvolge la focalizzazione dell'attenzione su un oggetto, un pensiero o una sensazione specifica, permettendo alla mente di allontanarsi dai pensieri frenetici e di raggiungere uno stato di calma e consapevolezza. La pratica regolare della meditazione può aiutare a ridurre l'ansia, migliorare la concentrazione e promuovere un senso di pace interiore.

Lo yoga è una pratica che combina movimento fisico, respirazione e meditazione. Lo yoga è noto per i suoi benefici nel ridurre lo stress e migliorare la flessibilità e la forza del corpo. Durante una sessione di yoga, ci concentriamo sulle posizioni fisiche, sull'allineamento del corpo e sulla connessione con la respirazione. Questo ci aiuta a rilasciare la tensione muscolare e a coltivare uno stato di calma mentale.

La visualizzazione è un altro potente strumento di rilassamento e controllo emotivo. Questa tecnica coinvolge la creazione di immagini mentali vivide e positive di situazioni o luoghi rilassanti. Possiamo immaginare di essere in una spiaggia tranquilla, in una foresta rigogliosa o in qualsiasi altro luogo che ci faccia sentire calmi e sereni. La visualizzazione attiva il potere della mente di influenzare le emozioni e le reazioni del corpo.

La pratica della gratitudine è un modo efficace per ridurre lo stress e coltivare emozioni positive. Essere grati per le piccole gioie della vita ci aiuta a concentrarci sugli aspetti positivi e apprezzare ciò che abbiamo. Possiamo tenere un diario della gratitudine, scrivendo ogni giorno le cose per cui siamo grati, o possiamo semplicemente prendere un momento per riflettere sulle cose positive nella nostra vita.

L'ascolto della musica rilassante è un'altra tecnica di rilassamento molto utilizzata. La musica ha il potere di influenzare le nostre emozioni e il nostro stato d'animo. Ascoltare melodie tranquille e rilassanti può aiutare a ridurre lo stress e a favorire un senso di calma e benessere.

Il contatto con la natura è un'ottima forma di rilassamento e ricarica emotiva. Fare una passeggiata nel parco, trascorrere del tempo all'aperto o semplicemente osservare il cielo e gli alberi può aiutare a ridurre l'ansia e ristabilire l'equilibrio interiore.

Infine, l'umore e l'atteggiamento positivo possono essere coltivati attraverso la pratica della gentilezza e della compassione verso se stessi e gli altri. Essere gentili con noi stessi ci permette di accettare le nostre imperfezioni e di ridurre la critica e l'autocritica. Essere gentili con gli altri ci aiuta a creare connessioni significative e a promuovere un senso di comunità.

In conclusione, le tecniche di rilassamento sono preziosi strumenti per il controllo emotivo e il benessere psicologico. La respirazione profonda, la meditazione, lo yoga, la visualizzazione, la pratica della gratitudine, l'ascolto della musica rilassante, il contatto con la natura e la coltivazione di un atteggiamento positivo sono tutte strategie efficaci per ridurre lo stress, l'ansia e altre emozioni negative. La pratica costante di queste tecniche ci aiuta a sviluppare una maggiore resilienza emotiva e a vivere una vita più calma e soddisfacente.

Le pratiche di mindfulness sono un potente strumento per sviluppare una maggiore consapevolezza di se stessi e dell'ambiente circostante. La mindfulness è una forma di consapevolezza che ci invita a essere presenti nel momento attuale, senza giudicare o reagire in modo automatico ai pensieri, alle emozioni o agli eventi che accadono intorno a noi.

Una delle pratiche di mindfulness più comuni è la meditazione della consapevolezza del respiro. Questa pratica coinvolge il concentrarsi attentamente sul respiro, osservando il movimento dell'aria entrante ed uscente dalle narici. Quando la mente inizia a vagare, la pratica della consapevolezza ci invita a riconoscere gentilmente i pensieri e a riportare l'attenzione al respiro. La meditazione della consapevolezza del respiro ci aiuta a stabilizzare la mente e a sviluppare una maggiore concentrazione.

Un'altra pratica di mindfulness è la consapevolezza del corpo. Questa pratica consiste nell'osservare le sensazioni fisiche presenti nel corpo, come tensione, formicolio o calore, senza giudicarle o cercare di cambiarle. La consapevolezza del corpo ci aiuta a riconoscere e rilasciare la tensione accumulata nel corpo, favorendo un senso di rilassamento e benessere.

La pratica della consapevolezza delle emozioni ci invita ad osservare le nostre emozioni senza lasciarci travolgere da esse. Invece di reprimere o sopprimere le emozioni, la consapevolezza ci permette di accoglierle e di permettere loro di fluire liberamente. Questo ci aiuta a sviluppare una maggiore intelligenza emotiva e a gestire in modo più efficace le nostre reazioni emotive.

La consapevolezza delle sensazioni del corpo e delle emozioni ci conduce alla consapevolezza del pensiero. Questa pratica ci invita ad osservare i nostri pensieri senza identificarci con essi o seguirli ciecamente. Spesso, siamo schiavi dei nostri pensieri, ma la pratica della consapevolezza ci permette di sviluppare una distanza da essi e di osservarli con obiettività. Ciò ci aiuta a ridurre il rumore mentale e a sviluppare una mente più chiara e calma.

La pratica della consapevolezza ci invita anche a portare la nostra attenzione al momento presente in tutte le attività quotidiane. Possiamo sperimentare la consapevolezza mangiando, lavandoci i denti, camminando o facendo qualsiasi altra attività. Invece di fare tutto in modo automatico e distratto, possiamo diventare consapevoli delle azioni che compiamo, dei nostri movimenti e delle sensazioni che sperimentiamo in quel momento.

Un altro aspetto importante delle pratiche di mindfulness è la gentilezza verso se stessi. La mindfulness ci invita a trattarci con amore e compassione, accettando i nostri limiti e riconoscendo che siamo umani e che possiamo fare del nostro meglio. Spesso, siamo molto duri e critici verso noi stessi, ma la gentilezza ci permette di liberarci da questa auto-critica e di sviluppare un atteggiamento più amorevole verso noi stessi.

La pratica costante di mindfulness ci aiuta a sviluppare una maggiore consapevolezza di noi stessi e dell'ambiente circostante. Ci permette di vivere con maggiore attenzione e presenza nel momento attuale, senza essere schiavi dei pensieri del passato o delle preoccupazioni per il futuro. La consapevolezza ci aiuta a essere più presenti nelle nostre relazioni con gli altri, ascoltando davvero ciò che ci dicono e rispondendo in modo più autentico e empatico.

In conclusione, le pratiche di mindfulness sono strumenti preziosi per sviluppare una maggiore consapevolezza di se stessi e dell'ambiente circostante. La consapevolezza del respiro, del corpo, delle emozioni e dei pensieri ci aiuta a stabilizzare la mente, a rilasciare la tensione fisica e mentale, a sviluppare una maggiore intelligenza emotiva e a gestire in modo più efficace le nostre reazioni emotive. La pratica della consapevolezza nelle attività quotidiane ci aiuta a vivere con attenzione e presenza nel momento attuale. La gentilezza verso se stessi ci permette di liberarci dalla critica e di sviluppare un atteggiamento amorevole verso noi stessi e gli altri. La pratica costante di mindfulness ci aiuta a vivere una vita più consapevole, equilibrata e soddisfacente.

Le pratiche di mindfulness sono un potente strumento per sviluppare una maggiore consapevolezza di se stessi e dell'ambiente circostante. La mindfulness è una forma di consapevolezza che ci invita a essere presenti nel momento attuale, senza giudicare o reagire in modo automatico ai pensieri, alle emozioni o agli eventi che accadono intorno a noi.

Una delle pratiche di mindfulness più comuni è la meditazione della consapevolezza del respiro. Questa pratica coinvolge il concentrarsi attentamente sul respiro, osservando il movimento dell'aria entrante ed uscente dalle narici. Quando la mente inizia a vagare, la pratica della consapevolezza ci invita a riconoscere gentilmente i pensieri e a riportare l'attenzione al respiro. La meditazione della consapevolezza del respiro ci aiuta a stabilizzare la mente e a sviluppare una maggiore concentrazione.

Un'altra pratica di mindfulness è la consapevolezza del corpo. Questa pratica consiste nell'osservare le sensazioni fisiche presenti nel corpo, come tensione, formicolio o calore, senza giudicarle o cercare di cambiarle. La consapevolezza del corpo ci aiuta a riconoscere e rilasciare la tensione accumulata nel corpo, favorendo un senso di rilassamento e benessere.

La pratica della consapevolezza delle emozioni ci invita ad osservare le nostre emozioni senza lasciarci travolgere da esse. Invece di reprimere o sopprimere le emozioni, la consapevolezza ci permette di accoglierle e di permettere loro di fluire liberamente. Questo ci aiuta a sviluppare una maggiore intelligenza emotiva e a gestire in modo più efficace le nostre reazioni emotive.

La consapevolezza delle sensazioni del corpo e delle emozioni ci conduce alla consapevolezza del pensiero. Questa pratica ci invita ad osservare i nostri pensieri senza identificarci con essi o seguirli ciecamente. Spesso, siamo schiavi dei nostri pensieri, ma la pratica della consapevolezza ci permette di sviluppare una distanza da essi e di osservarli con obiettività. Ciò ci aiuta a ridurre il rumore mentale e a sviluppare una mente più chiara e calma.

La pratica della consapevolezza ci invita anche a portare la nostra attenzione al momento presente in tutte le attività quotidiane. Possiamo sperimentare la consapevolezza mangiando, lavandoci i denti, camminando o facendo qualsiasi altra attività. Invece di fare tutto in modo automatico e distratto, possiamo diventare consapevoli delle azioni che compiamo, dei nostri movimenti e delle sensazioni che sperimentiamo in quel momento.

Un altro aspetto importante delle pratiche di mindfulness è la gentilezza verso se stessi. La mindfulness ci invita a trattarci con amore e compassione, accettando i nostri limiti e riconoscendo che siamo umani e che possiamo fare del nostro meglio. Spesso, siamo molto duri e critici verso noi stessi, ma la gentilezza ci permette di liberarci da questa auto-critica e di sviluppare un atteggiamento più amorevole verso noi stessi.

La pratica costante di mindfulness ci aiuta a sviluppare una maggiore consapevolezza di noi stessi e dell'ambiente circostante. Ci permette di vivere con maggiore attenzione e presenza nel momento attuale, senza essere schiavi dei pensieri del passato o delle preoccupazioni per il futuro. La consapevolezza ci aiuta a essere più presenti nelle nostre relazioni con gli altri, ascoltando davvero ciò che ci dicono e rispondendo in modo più autentico e empatico.

In conclusione, le pratiche di mindfulness sono strumenti preziosi per sviluppare una maggiore consapevolezza di se stessi e dell'ambiente circostante. La consapevolezza del respiro, del corpo, delle emozioni e dei pensieri ci aiuta a stabilizzare la mente, a rilasciare la tensione fisica e mentale, a sviluppare una maggiore intelligenza emotiva e a gestire in modo più efficace le nostre reazioni emotive. La pratica della consapevolezza nelle attività quotidiane ci aiuta a vivere con attenzione e presenza nel momento attuale. La gentilezza verso se stessi ci permette di liberarci dalla critica e di sviluppare un atteggiamento amorevole verso noi stessi e gli altri. La pratica costante di mindfulness ci aiuta a vivere una vita più consapevole, equilibrata e soddisfacente.

Affrontare situazioni stressanti è una parte inevitabile della vita, ma ci sono molte strategie efficaci che possiamo adottare per gestire lo stress e ridurne l'impatto sulla nostra salute e il benessere psicologico.

Una delle strategie fondamentali per affrontare situazioni stressanti è imparare a riconoscere e comprendere le nostre reazioni emotive. Spesso, lo stress è innescato da eventi esterni, ma la nostra risposta emotiva è modulata dai nostri pensieri e dalla nostra interpretazione della situazione. Prendersi il tempo per riflettere sulle nostre reazioni emotive ci permette di identificare i modelli di pensiero negativi e di sostituirli con pensieri più realistici e positivi.

L'organizzazione e la pianificazione possono essere strumenti utili per affrontare situazioni stressanti. Fare una lista delle attività da svolgere e stabilire delle priorità può aiutarci a gestire meglio il tempo e a ridurre la sensazione di essere sopraffatti dai compiti da completare. La pianificazione ci aiuta anche a mantenere il controllo sulla situazione e a ridurre l'incertezza.

La pratica della mindfulness è un'altra strategia efficace per affrontare situazioni stressanti. Essere consapevoli del momento presente, senza giudicare o reagire in modo automatico, ci aiuta a mantenere la calma e la chiarezza mentale anche di fronte a situazioni difficili. La mindfulness ci permette di gestire le emozioni in modo più equilibrato e di affrontare le sfide con una prospettiva più lucida.

Il supporto sociale è un elemento cruciale nella gestione dello stress. Parlarne con amici, familiari o colleghi fidati ci permette di condividere il peso emotivo e di ottenere prospettive diverse sulla situazione. Il supporto sociale ci offre anche un senso di appartenenza e di connessione, che può avere un effetto positivo sulla nostra resilienza e sul nostro benessere emotivo.

Cercare momenti di relax e di svago è importante per bilanciare lo stress della vita quotidiana. Attività come fare una passeggiata all'aperto, leggere un libro, praticare uno sport o dedicarsi a un hobby possono aiutarci a distogliere la mente dagli eventi stressanti e a rigenerare il corpo e la mente.

La gestione dello stress include anche la consapevolezza del nostro benessere fisico. Mantenere uno stile di vita sano, con una dieta equilibrata, un adeguato riposo e un regolare esercizio fisico, può aumentare la nostra capacità di far fronte allo stress e favorire una maggiore resilienza.

Imparare a stabilire limiti e a dire "no" è un aspetto importante della gestione dello stress. Spesso, ci sentiamo sopraffatti da molte richieste e aspettative esterne, ma imparare a rifiutare ciò che non possiamo gestire ci permette di concentrarci sulle nostre priorità e di evitare l'eccessivo carico di responsabilità.

La risoluzione dei problemi è un approccio pratico per affrontare situazioni stressanti. Analizzare la situazione e cercare soluzioni concrete può aiutarci a trovare modi più efficaci per gestire le sfide e superare gli ostacoli.

Infine, è importante ricordare che lo stress fa parte della vita e che è normale sentirsi stressati di tanto in tanto. Non dobbiamo cercare di eliminare completamente lo stress, ma piuttosto imparare a gestirlo in modo efficace. Le strategie sopra menzionate possono essere adattate alle nostre esigenze e alle nostre situazioni specifiche, permettendoci di affrontare lo stress con maggiore resilienza e adattabilità.

In conclusione, affrontare situazioni stressanti richiede un approccio olistico che coinvolge la comprensione delle nostre reazioni emotive, l'organizzazione e la pianificazione, la pratica della mindfulness, il supporto sociale, il relax e il riposo, uno stile di vita sano, l'abilità di stabilire limiti, la risoluzione dei problemi e la comprensione che lo stress fa parte della vita. Con queste strategie, possiamo gestire lo stress in modo efficace e vivere una vita più equilibrata e soddisfacente.

Il benessere mentale e fisico sono strettamente collegati e influenzano reciprocamente la nostra salute e il nostro stato d'animo. Un aspetto chiave del legame tra benessere mentale e fisico riguarda l'alimentazione. Una dieta equilibrata e nutriente è fondamentale per fornire al nostro corpo e al nostro cervello i nutrienti necessari per funzionare in modo ottimale. Consumare cibi ricchi di vitamine, minerali, proteine e grassi sani contribuisce a mantenere il nostro umore stabile e a favorire una maggiore concentrazione e chiarezza mentale.

Inoltre, alcuni alimenti sono noti per il loro impatto positivo sul benessere mentale. Ad esempio, cibi ricchi di omega-3, come il pesce, le noci e l'avocado, sono stati associati a una minore incidenza di depressione e ansia.

Allo stesso tempo, è importante ridurre il consumo di cibi altamente processati, ricchi di zuccheri e grassi saturi, poiché possono avere un effetto negativo sulla nostra salute mentale e fisica.

Un'altra componente fondamentale del legame tra benessere mentale e fisico è l'esercizio fisico. L'attività fisica regolare ha dimostrato di avere numerosi benefici per la salute mentale. Durante l'esercizio, il corpo rilascia endorfine, sostanze chimiche del cervello note come "ormoni della felicità", che possono migliorare il nostro umore e ridurre lo stress. L'esercizio fisico aiuta anche a ridurre l'ansia e la depressione, migliorando l'autostima e la fiducia in se stessi.

Non è necessario impegnarsi in un'intensa attività fisica per trarre vantaggio da questo collegamento tra benessere mentale e fisico. Anche una camminata quotidiana o una breve sessione di esercizi può fare la differenza. L'importante è essere costanti e trovare un'attività che ci piace e che possiamo mantenere nel tempo.

Oltre all'alimentazione e all'esercizio fisico, il sonno svolge un ruolo cruciale nel promuovere il benessere mentale e fisico. Durante il sonno, il nostro corpo si rigenera e il cervello elabora le informazioni del giorno. La mancanza di sonno può avere un impatto negativo sul nostro umore, la nostra concentrazione e la nostra capacità di affrontare lo stress. Un riposo di qualità è essenziale per mantenere una buona salute mentale e fisica.

Alcune strategie per migliorare la qualità del sonno includono mantenere una routine regolare di orari per andare a letto e svegliarsi, creare un ambiente di sonno confortevole e tranquillo, evitare di consumare bevande stimolanti o cibi pesanti prima di coricarsi e dedicarsi a attività rilassanti prima di andare a dormire, come leggere un libro o praticare la meditazione.

Il legame tra benessere mentale e fisico è un aspetto fondamentale del nostro benessere complessivo. Prestare attenzione a ciò che mangiamo, impegnarci in regolare attività fisica e assicurarci di ottenere un riposo di qualità sono tutti elementi chiave per vivere una vita equilibrata e soddisfacente.

Infine, è importante sottolineare che ognuno di noi è unico e che le esigenze del nostro corpo e della nostra mente possono variare. È importante ascoltare il nostro corpo e cercare di individuare le abitudini e le pratiche che ci fanno sentire meglio. Adottare uno stile di vita sano e consapevole ci aiuta a migliorare il nostro benessere mentale e fisico, aumentando la nostra capacità di affrontare le sfide della vita in modo più efficace e gratificante.

Capitolo 5: Potenziare le relazioni interpersonali

Potenziare le relazioni interpersonali è fondamentale per il nostro benessere mentale e emotivo. Le connessioni significative con gli altri ci offrono sostegno, comprensione e un senso di appartenenza, che sono elementi essenziali per vivere una vita soddisfacente e appagante.

Una delle chiavi per potenziare le relazioni interpersonali è sviluppare la comunicazione efficace. La capacità di ascoltare attivamente gli altri, mostrando interesse per ciò che dicono e rispondendo con empatia, è fondamentale per stabilire un legame autentico. La comunicazione aperta e onesta permette di condividere pensieri, sentimenti e bisogni, creando una base solida per relazioni sane e gratificanti.

La fiducia è un altro elemento cruciale nelle relazioni interpersonali. Costruire la fiducia richiede tempo e coerenza nelle azioni e nelle parole. Essere affidabili e rispettosi nei confronti degli altri è essenziale per stabilire un clima di fiducia reciproca. Inoltre, essere aperti riguardo i propri sentimenti e preoccupazioni può aiutare a rafforzare il legame con gli altri.

La gratitudine è un'importante pratica per potenziare le relazioni interpersonali. Mostrare apprezzamento e riconoscenza per ciò che gli altri fanno per noi crea un ambiente di reciproca positività e gratificazione. Essere grati per le persone che ci circondano e per il supporto che ci offrono aiuta a coltivare una maggiore connessione emotiva.

Un altro aspetto importante per potenziare le relazioni è saper gestire i conflitti in modo costruttivo. I conflitti sono inevitabili in ogni relazione, ma è importante affrontarli con maturità ed empatia. Ascoltare l'altro punto di vista, cercare di capire le sue ragioni e trovare soluzioni comuni è essenziale per superare i conflitti e rafforzare il legame.

La generosità è un tratto che può rendere le relazioni più significative. Essere disposti a dare e condividere con gli altri senza aspettarsi qualcosa in cambio crea un ambiente di fiducia e di reciprocità. La generosità può assumere molte forme, dall'offrire aiuto e sostegno agli altri, al mostrare comprensione e comprensione verso le loro sfide e sentimenti.

Inoltre, una sana dose di umorismo può essere utile nel potenziare le relazioni. Ridere insieme e condividere momenti di leggerezza crea un senso di connessione e allegria. L'umorismo può aiutare a sciogliere le tensioni e a superare i momenti difficili.

Essere presenti nelle relazioni è un altro aspetto fondamentale. Essere veramente presenti nel momento attuale, senza distrazioni o giudizi, ci permette di connetterci autenticamente con gli altri e di godere appieno del tempo trascorso insieme. La presenza in una relazione comunica attenzione e interesse genuino verso l'altro.

Infine, è importante prendersi cura di sé stessi per potenziare le relazioni interpersonali. Un'adeguata autostima e autostima ci rendono più capaci di amare e accettare gli altri in modo incondizionato. Investire nel proprio benessere mentale ed emotivo ci permette di essere più aperti ed empatici verso gli altri.

In conclusione, potenziare le relazioni interpersonali è un elemento essenziale per il nostro benessere mentale e emotivo. Comunicazione efficace, fiducia, gratitudine, gestione costruttiva dei conflitti, generosità, umorismo, presenza e cura di sé stessi sono tutti aspetti importanti da coltivare per stabilire connessioni significative e gratificanti con gli altri. Sviluppare relazioni interpersonali positive e appaganti ci offre un sostegno emotivo e una sensazione di appartenenza che ci aiutano a superare le sfide della vita e a vivere una vita più soddisfacente e felice.

La connessione tra relazioni e benessere psicologico è un aspetto fondamentale della nostra vita emotiva e mentale. Le relazioni interpersonali possono avere un impatto significativo sulla nostra salute mentale e sul nostro benessere generale. Siamo esseri sociali, e il bisogno di connessione con gli altri è insito nella nostra natura umana.

Le relazioni significative ci offrono un senso di appartenenza e di supporto emotivo. Avere persone con cui condividere le gioie e le sfide della vita può farci sentire meno soli e isolati. L'essere compresi e accettati dagli altri ci dà una sensazione di valore e di importanza, contribuendo a elevare la nostra autostima e la nostra fiducia in noi stessi.

Le relazioni positive e gratificanti ci offrono un sostegno emotivo quando affrontiamo momenti di difficoltà o di stress. Avere qualcuno con cui parlare dei nostri pensieri e delle nostre emozioni può aiutarci a superare le difficoltà e a trovare soluzioni ai problemi. Il sostegno emotivo delle relazioni ci aiuta a ridurre il senso di ansia e di tristezza e a sviluppare una maggiore resilienza.

Le relazioni possono anche essere una fonte di gioia e felicità. Condividere momenti di felicità con gli altri può intensificare le nostre emozioni positive e creare ricordi duraturi. La condivisione di esperienze piacevoli con gli altri ci permette di sentirsi connessi e apprezzati.

D'altra parte, le relazioni negative o tossiche possono avere un impatto negativo sul nostro benessere psicologico. Relazioni caratterizzate da mancanza di rispetto, critica costante o abuso emotivo possono erodere la nostra autostima e la nostra fiducia in noi stessi. È importante saper riconoscere quando una relazione è dannosa e avere il coraggio di porvi fine o di impostare limiti sani.

Inoltre, il modo in cui ci relazioniamo con gli altri può rifletteri sul modo in cui ci percepiamo e ci trattiamo. Ad esempio, se ci sentiamo apprezzati e amati dagli altri, saremo più inclini ad amarci e ad apprezzarci anche noi stessi. D'altra parte, se le relazioni sono caratterizzate da giudizio o critica, potremmo sviluppare una visione negativa di noi stessi.

Le relazioni possono anche influenzare il nostro benessere psicologico attraverso la loro influenza sulle nostre scelte e sul nostro comportamento. Ad esempio, essere circondati da persone che ci sostengono e ci incoraggiano può motivarci a perseguire i nostri obiettivi e a superare le sfide. D'altra parte, relazioni negative possono portarci a comportamenti auto-sabotanti o auto-destructive.

Per coltivare relazioni sane e gratificanti, è importante sviluppare abilità di comunicazione efficace e di ascolto attivo. Imparare a comunicare in modo aperto ed empatico ci aiuta a costruire una base solida per la connessione emotiva con gli altri. L'ascolto attivo ci permette di veramente comprendere gli altri e di rispondere in modo sensibile alle loro esigenze e sentimenti.

In conclusione, la connessione tra relazioni e benessere psicologico è un elemento centrale della nostra esperienza umana. Le relazioni positive e gratificanti ci offrono supporto emotivo, aumentano il nostro senso di autostima e di fiducia in noi stessi, e ci regalano momenti di gioia e felicità. D'altra parte, relazioni negative o tossiche possono avere un impatto negativo sul nostro benessere emotivo. Coltivare relazioni sane e gratificanti richiede impegno e consapevolezza, ma può apportare notevoli benefici per il nostro benessere psicologico e generale. Essere aperti, empatici e generosi nelle nostre relazioni ci aiuta a costruire legami significativi con gli altri e a vivere una vita più soddisfacente e appagante.

La comunicazione efficace è un pilastro fondamentale per superare conflitti e malintesi nelle relazioni interpersonali. Spesso, i conflitti nascono da incomprensioni o da una mancanza di chiarezza nella comunicazione. Essere in grado di comunicare in modo aperto, rispettoso ed empatico può aiutare a risolvere i conflitti e a prevenire malintesi futuri.

Una delle chiavi per una comunicazione efficace è l'ascolto attivo. Spesso, siamo così concentrati sul nostro punto di vista che non ascoltiamo davvero ciò che l'altra persona sta dicendo. L'ascolto attivo implica prestare attenzione a ciò che l'altra persona sta dicendo senza interruzioni o giudizi. Inoltre, richiede la capacità di ripetere o parafrasare ciò che è stato detto per mostrare comprensione e confermare di aver capito correttamente.

L'uso di una comunicazione assertiva è anche cruciale per superare i conflitti. Essere assertivi significa esprimere i propri pensieri, sentimenti e bisogni in modo chiaro e diretto, senza essere aggressivi o passivi. Una comunicazione assertiva ci permette di esprimere le nostre preoccupazioni in modo rispettoso e di ascoltare le preoccupazioni degli altri con apertura e disponibilità.

Inoltre, è importante evitare l'uso di linguaggio accusatorio o offensivo durante una discussione. Le parole possono ferire e creare barriere nella comunicazione. Invece, cercare di utilizzare un linguaggio neutro e rispettoso può facilitare il dialogo e promuovere una comunicazione aperta e costruttiva.

La comprensione delle emozioni sottostanti è un altro elemento chiave nella comunicazione efficace durante i conflitti. Spesso, le emozioni possono essere la radice dei conflitti, ma non vengono sempre espresse in modo esplicito. Essere consapevoli delle nostre emozioni e di quelle degli altri può aiutarci a comprendere meglio il contesto emotivo di una situazione e ad affrontare il conflitto con empatia.

Inoltre, durante una discussione, è importante evitare di cercare di avere sempre ragione o di essere difensivi. L'obiettivo della comunicazione efficace non è vincere una disputa, ma piuttosto comprendere il punto di vista dell'altro e trovare soluzioni comuni. Essere aperti alla possibilità di cambiare opinione o di trovare un compromesso può contribuire a superare i conflitti in modo più rapido ed efficace.

Le dinamiche del potere possono anche influenzare la comunicazione durante i conflitti. Se una delle parti si sente dominante o sottomessa, può essere difficile avere una comunicazione equilibrata e aperta. È importante cercare di mantenere un clima di parità e di rispetto reciproco durante una discussione, in modo che entrambe le parti si sentano ascoltate e comprese.

Infine, la gestione delle emozioni durante una discussione è essenziale per una comunicazione efficace. Se ci sentiamo sopraffatti dalle emozioni, potremmo reagire in modo impulsivo o aggressivo, rendendo difficile il raggiungimento di una soluzione. Prendersi il tempo di respirare profondamente e di calmarsi prima di rispondere può aiutare a gestire le emozioni e a mantenere una comunicazione costruttiva.

In conclusione, la comunicazione efficace è fondamentale per superare conflitti e malintesi nelle relazioni interpersonali. L'ascolto attivo, l'uso di una comunicazione assertiva e rispettosa, la comprensione delle emozioni sottostanti e la gestione delle dinamiche del potere sono tutte competenze che possono aiutare a migliorare la qualità delle nostre interazioni con gli altri. Investire nella nostra capacità di comunicare in modo efficace ci permette di risolvere i conflitti in modo più rapido ed equo e di costruire relazioni più sane e soddisfacenti.

Costruire relazioni positive e significative è un processo fondamentale per il nostro benessere emotivo e per arricchire la nostra vita. Le relazioni interpersonali ci offrono un senso di connessione, appartenenza e sostegno, creando un'atmosfera di fiducia e comprensione reciproca.

Una delle chiavi per costruire relazioni positive è la genuinità. Essere autentici e veri con gli altri ci permette di creare legami più profondi e significativi. Mostrare il nostro vero sé e condividere i nostri sentimenti, pensieri e aspettative ci rende più vicini agli altri e ci aiuta a stabilire una relazione di fiducia.

La comunicazione aperta ed empatica è un altro aspetto cruciale per costruire relazioni positive. Ascoltare attivamente gli altri, mostrando interesse per ciò che hanno da dire e rispondendo con empatia, crea un clima di comprensione e vicinanza emotiva. La capacità di mettersi nei panni degli altri e di riconoscere i loro bisogni e sentimenti ci aiuta a creare un legame empatico e autentico.

Inoltre, essere disponibili e presenti nelle relazioni è essenziale per costruire connessioni significative. Mostrare interesse per la vita e le esperienze degli altri, esserci nei momenti di gioia e di difficoltà e offrire il nostro sostegno incondizionato crea un senso di vicinanza e di apprezzamento reciproco.

La gratitudine è un'importante pratica che può arricchire le nostre relazioni. Mostrare apprezzamento e riconoscenza per ciò che gli altri fanno per noi crea un clima di positività e di reciproca gratificazione. Essere grati per le persone che ci circondano e per il supporto che ci offrono ci permette di coltivare una maggiore connessione emotiva.

La generosità è un altro tratto che può contribuire a costruire relazioni positive. Essere disposti a dare e condividere con gli altri senza aspettarsi qualcosa in cambio crea un ambiente di fiducia e di reciprocità. La generosità può manifestarsi in modi diversi, dalla disponibilità ad aiutare gli altri al mostrare comprensione e compassione per le loro sfide e emozioni.

Inoltre, è importante stabilire limiti sani nelle relazioni per proteggere il nostro benessere emotivo. Saper dire "no" quando necessario e mantenere un equilibrio tra dare e ricevere ci aiuta a evitare relazioni sbilanciate o sfruttative.

La condivisione di esperienze e interessi comuni può anche contribuire a costruire relazioni positive e significative. Trovare attività che amiamo fare insieme agli altri ci offre opportunità di condivisione e di connessione. Queste esperienze condivise creano ricordi duraturi e rafforzano il legame con gli altri.

Infine, la pazienza e la tolleranza sono qualità importanti per costruire relazioni positive. Ogni individuo è unico e ha i propri bisogni e desideri. Essere pazienti e tolleranti verso le diversità degli altri ci permette di accettarli per ciò che sono e di valorizzarne le unicità.

In conclusione, costruire relazioni positive e significative è un processo che richiede impegno, apertura e autenticità. La comunicazione aperta ed empatica, la gratitudine, la generosità, la disponibilità, la condivisione di esperienze, i limiti sani, la pazienza e la tolleranza sono tutti elementi chiave per costruire legami profondi e gratificanti con gli altri. Investire nella qualità delle nostre relazioni ci permette di arricchire la nostra vita emotiva e di godere di un sostegno significativo durante i momenti di gioia e di difficoltà. La costruzione di relazioni positive contribuisce a promuovere un senso di benessere e di appartenenza, rendendo la nostra vita più significativa e appagante.

Gestire le aspettative e le delusioni nelle relazioni è un aspetto fondamentale per mantenere relazioni sane e gratificanti. Le aspettative possono essere sia positive che negative, e spesso giocano un ruolo cruciale nel modellare le nostre interazioni con gli altri. Tuttavia, quando le aspettative sono troppo irrealistiche o rigide, possono portare a delusioni e frustrazioni.

Una delle chiavi per gestire le aspettative è la consapevolezza di sé e delle proprie aspettative. Prendersi il tempo per riflettere su ciò che ci aspettiamo dalle nostre relazioni e quali sono i nostri bisogni e desideri può aiutarci a comprendere meglio le nostre aspettative e ad affrontarle in modo sano.

È importante ricordare che le aspettative sono personali e possono variare da persona a persona. Ciò che consideriamo importante in una relazione potrebbe non essere altrettanto significativo per gli altri. Comunicare apertamente le nostre aspettative e ascoltare quelle degli altri può aiutare a creare una base solida per una comprensione reciproca.

D'altra parte, è anche essenziale essere flessibili riguardo alle nostre aspettative e adattarci alle dinamiche delle relazioni. Le relazioni sono in continua evoluzione, e ciò che ci aspettiamo all'inizio potrebbe cambiare nel tempo. Essere disposti a rivedere e aggiornare le nostre aspettative può aiutare a mantenere una relazione sana e dinamica.

Quando le aspettative non vengono soddisfatte, possono sorgere delusioni e frustrazioni. È importante affrontare queste emozioni in modo costruttivo, senza colpevolizzare noi stessi o gli altri. Le delusioni sono una parte naturale della vita e possono essere un'opportunità per imparare e crescere.

La comunicazione aperta e onesta è fondamentale per affrontare le delusioni e superare i conflitti che possono derivare da aspettative non soddisfatte. Esprimere i nostri sentimenti e preoccupazioni in modo rispettoso e ascoltare gli altri senza giudicare può aiutare a dissipare malintesi e risolvere i problemi.

D'altra parte, è importante accettare che alcune aspettative potrebbero non essere realizzate nella relazione. Ciò non significa che la relazione sia fallimentare o che una delle parti sia sbagliata. Semplicemente, le persone hanno bisogni diversi e le aspettative potrebbero non essere sempre allineate.

La gestione delle delusioni nelle relazioni può richiedere tempo e pazienza. Darsi il permesso di elaborare le emozioni e cercare il sostegno di amici o di professionisti può aiutare a superare le delusioni e ad andare avanti in modo costruttivo.

Inoltre, imparare a coltivare l'accettazione e la gratitudine per ciò che abbiamo nelle nostre relazioni può contribuire a ridurre la frustrazione per le aspettative non soddisfatte. Apprezzare le persone per ciò che sono e per ciò che ci offrono può portare a relazioni più soddisfacenti e gratificanti.

Infine, la capacità di perdonare è un elemento chiave per superare delusioni nelle relazioni. Il perdono non significa dimenticare o giustificare comportamenti dannosi, ma piuttosto liberarsi dal peso delle aspettative non soddisfatte e delle emozioni negative.

In conclusione, gestire le aspettative e le delusioni nelle relazioni è un processo complesso che richiede consapevolezza di sé, comunicazione aperta, flessibilità e capacità di affrontare le emozioni in modo costruttivo. Le aspettative possono modellare le nostre interazioni con gli altri, ma è importante essere consapevoli che esse possono variare da persona a persona e possono evolversi nel tempo. Affrontare le delusioni in modo sano e costruttivo può aiutare a mantenere relazioni sane e gratificanti, mentre la capacità di perdonare e di apprezzare ciò che abbiamo nelle nostre relazioni può portare a una maggiore soddisfazione e benessere emotivo.

La gratitudine e l'apprezzamento sono sentimenti potenti che possono arricchire le nostre interazioni sociali e migliorare la qualità delle nostre relazioni. Esprimere gratitudine verso gli altri e mostrare apprezzamento per ciò che fanno per noi è un gesto semplice ma significativo che può avere un impatto profondo sulle nostre interazioni sociali.

La gratitudine è l'atto di riconoscere e apprezzare le persone e le cose positive nella nostra vita. Quando siamo grati, ci concentriamo sugli aspetti positivi e significativi delle nostre esperienze sociali, permettendoci di vedere il bene negli altri e nelle situazioni. Esprimere gratitudine verso gli altri ci aiuta a creare un clima di positività e di affetto, migliorando il nostro legame emotivo con gli altri.

Una pratica semplice ma potente per coltivare la gratitudine nelle interazioni sociali è dire "grazie". Mostrare gratitudine per i gesti gentili o per il sostegno ricevuto crea un senso di reciproca apprezzamento e valorizzazione. Un semplice "grazie" può rafforzare la connessione emotiva con gli altri e rendere le nostre interazioni più significative e piacevoli.

L'apprezzamento è un altro elemento chiave nelle interazioni sociali. Mostrare apprezzamento per le qualità positive degli altri, per il loro contributo o per il loro ruolo nelle nostre vite è un modo potente per nutrire e rafforzare le nostre relazioni. Sentirsi apprezzati ci fa sentire valorizzati e stimati, rafforzando il nostro senso di autostima e di benessere.

L'apprezzamento può essere espresso in diversi modi, come attraverso un complimento sincero o una parola di incoraggiamento. Quando mostriamo apprezzamento per gli altri, riconosciamo il loro valore e il loro impatto positivo nella nostra vita. Questo crea un circolo virtuoso in cui il sentimento di essere apprezzati motiva gli altri a continuare a mostrare gentilezza e sostegno.

La gratitudine e l'apprezzamento possono anche aiutare a superare momenti difficili nelle relazioni. Quando affrontiamo disaccordi o conflitti, ricordare ciò che apprezziamo dell'altra persona e delle nostre interazioni positive può aiutarci a mantenere una prospettiva più equilibrata. Questo ci permette di non farci trascinare completamente dai momenti di tensione e di risolvere i conflitti in modo più costruttivo.

Coltivare la gratitudine e l'apprezzamento richiede pratica e consapevolezza. Possiamo iniziare con piccoli gesti di gratitudine, come tenere un diario dei momenti positivi nelle nostre relazioni o fare un breve esercizio di riflessione quotidiana sulla gratitudine. Più ci esercitiamo a riconoscere e apprezzare gli aspetti positivi delle nostre interazioni sociali, più diventerà naturale e spontaneo.

Inoltre, essere genuini nell'esprimere gratitudine e apprezzamento è essenziale. Le persone possono percepire quando le nostre espressioni sono sincere e autentiche, e ciò rafforza il legame emotivo tra noi. Essere veri e aperti nei nostri complimenti e riconoscimenti crea un clima di fiducia e di autenticità nelle nostre relazioni.

Infine, ricordare di apprezzare anche noi stessi è un aspetto importante nella coltivazione della gratitudine nelle interazioni sociali. Essere grati per le nostre qualità, per i nostri successi e per i nostri sforzi ci aiuta a sviluppare una maggiore autostima e a trasmettere una maggiore positività agli altri.

In conclusione, la gratitudine e l'apprezzamento sono sentimenti potenti che possono arricchire le nostre interazioni sociali e rafforzare le nostre relazioni. Esprimere gratitudine verso gli altri e mostrare apprezzamento per ciò che fanno per noi crea un clima di positività e di affetto, migliorando il nostro legame emotivo con gli altri. Coltivare la gratitudine e l'apprezzamento richiede pratica e consapevolezza, ma i benefici sono notevoli. Più riconosciamo e apprezziamo gli aspetti positivi delle nostre relazioni, più sviluppiamo una prospettiva positiva e una connessione più significativa con gli altri.

Capitolo 6: Il potere del perdono e dell'accettazione

Il potere del perdono e dell'accettazione è un tema profondo ed essenziale per il nostro benessere emotivo e per la costruzione di relazioni significative. Perdonare e accettare non sono segni di debolezza, ma di forza interiore e di crescita personale.

Il perdono è il processo di lasciar andare rancori, risentimenti e sentimenti negativi verso qualcuno che ci ha ferito o deluso. Perdonare non significa giustificare o dimenticare ciò che è successo, ma piuttosto liberarsi dal peso emotivo del passato. Quando perdoniamo, permettiamo a noi stessi di guarire e di andare avanti, liberando spazio per emozioni più positive e per una maggiore serenità interiore.

Perdonare può essere un atto liberatorio sia per noi che per gli altri. La rabbia e il rancore possono consumarci dall'interno e tenerci prigionieri del passato. Perdonare ci consente di rompere questa catena e di riprendere il controllo delle nostre emozioni. Allo stesso tempo, il perdono può anche contribuire a guarire le relazioni danneggiate e a creare spazi per la riconciliazione.

Tuttavia, il perdono non è sempre facile, soprattutto quando ci sentiamo profondamente feriti o traditi. Richiede coraggio e volontà di lasciar andare il dolore e la rabbia per abbracciare la possibilità di guarire e di andare avanti. Il percorso del perdono può essere diverso per ognuno di noi, e potrebbe richiedere tempo e supporto emotivo per essere raggiunto.

L'accettazione è un altro aspetto cruciale del potere del perdono. Accettare ciò che è accaduto e ciò che non possiamo cambiare ci permette di abbracciare la realtà e di trovare un senso di pace interiore. L'accettazione non significa rassegnazione o passività, ma piuttosto la capacità di abbracciare la realtà senza resistenza e di trovare modi costruttivi per affrontarla.

Accettare noi stessi e gli altri con le nostre imperfezioni è un atto di compassione e di umanità. Nessuno è perfetto, e tutti commettiamo errori. L'accettazione ci permette di riconoscere la nostra umanità e quella degli altri, aprendo la strada alla crescita e alla trasformazione personale.

Inoltre, l'accettazione è un antidoto contro il giudizio e l'autocritica e ci permette di coltivare una maggiore gentilezza verso noi stessi e gli altri. Quando ci accettiamo e accettiamo gli altri per ciò che siamo, creiamo un clima di apertura e di autenticità nelle nostre relazioni.

Perdonare e accettare possono anche aiutare a superare il dolore e la sofferenza derivanti da eventi traumatici o dolorosi. Questi processi ci permettono di elaborare le emozioni negative e di trovare un senso di guarigione e di resilienza.

Infine, perdonare e accettare ci permette di vivere nel presente e di focalizzarci sulle opportunità e sulle gioie della vita. Quando siamo liberi dai pesi del passato, possiamo abbracciare il presente con gratitudine e con una maggiore consapevolezza.

In conclusione, il potere del perdono e dell'accettazione è una risorsa preziosa per il nostro benessere emotivo e per la costruzione di relazioni significative. Perdonare ci libera dal peso delle emozioni negative e ci permette di guarire e di andare avanti. Accettare ci consente di abbracciare la realtà e di coltivare una maggiore gentilezza verso noi stessi e gli altri. Perdonare e accettare non sono segni di debolezza, ma di forza e di crescita interiore. Questi processi ci permettono di vivere nel presente con gratitudine e di costruire relazioni più autentiche e significative.

Comprendere il perdono come liberazione personale è un viaggio profondo verso la guarigione emotiva e la crescita interiore. Il perdono non è solo un gesto di magnanimità verso gli altri, ma soprattutto un atto di amore e compassione verso se stessi. Significa abbandonare il peso delle emozioni negative e liberarsi dal dolore che ci ha tenuti imprigionati nel passato.

Per molte persone, il perdono è spesso associato all'idea di giustificare le azioni altrui o di negare l'entità del dolore subito. Tuttavia, comprendere il perdono come liberazione personale non implica minimizzare ciò che è successo o giustificare il comportamento altrui. Al contrario, il perdono ci consente di affrontare il dolore in modo onesto e autentico, riconoscendo i sentimenti e le ferite causate.

La liberazione personale attraverso il perdono inizia con l'accettazione del dolore e delle emozioni che lo accompagnano. Significa permettere a noi stessi di sentire rabbia, dolore, tristezza e frustrazione senza giudizio o autocritica. Accogliere e accettare le nostre emozioni ci permette di elaborarle in modo sano e di iniziare il processo di guarigione.

Un passo importante verso la liberazione personale attraverso il perdono è la comprensione che il perdono non è un atto unilaterale. Non si tratta di dare ragione all'altra persona o di ignorare il danno subito, ma di lasciar andare l'attaccamento emotivo al dolore e al rancore. Il perdono è un regalo che ci facciamo a noi stessi, permettendoci di liberare la nostra energia da legami negativi e tossici.

Perdonare non significa nemmeno dimenticare. Le esperienze passate fanno parte della nostra storia personale e ci hanno formato in ciò che siamo oggi. Il perdono ci permette di integrare queste esperienze nel nostro percorso di crescita e di trasformazione, senza essere vincolati dal passato.

Inoltre, il perdono non richiede di riavvicinarsi a coloro che ci hanno ferito o di continuare a mantenere relazioni tossiche. Può essere un processo interiore, un'occasione per chiudere un capitolo doloroso della nostra vita e per aprirci a nuove opportunità di crescita e di felicità.

Comprendere il perdono come liberazione personale ci permette anche di smettere di colpevolizzarci per ciò che è successo. Spesso, tendiamo a sentirci in qualche modo responsabili per il nostro dolore o per le azioni altrui. Il perdono ci aiuta a riconoscere che il dolore subito non è colpa nostra e che possiamo scegliere di liberarcene per vivere una vita più piena e autentica.

Il perdono può essere un processo graduale e richiedere tempo e impegno. Può essere utile cercare supporto da amici, familiari o professionisti che ci aiutino nel percorso di guarigione. Attraverso il perdono, possiamo imparare a lasciar andare il passato e a vivere nel presente con maggior consapevolezza e gioia.

Comprendere il perdono come liberazione personale ci consente di guarire le ferite emotive, di costruire una maggiore resilienza e di sviluppare una prospettiva più positiva sulla vita. Liberandoci dal peso delle emozioni negative, apriamo spazio per esperienze più significative e relazioni più autentiche. Il perdono è un atto di amore verso noi stessi, un dono che ci permette di vivere una vita più piena e appagante.

Superare il rancore e il risentimento è un processo cruciale per il nostro benessere emotivo e per vivere una vita più libera e appagante. Il rancore e il risentimento sono emozioni negative che possono consumarci dall'interno, intaccando la nostra felicità e le nostre relazioni. Affrontare e superare queste emozioni ci permette di liberare energia negativa e di aprire spazio per emozioni più positive e costruttive.

Il rancore e il risentimento si sviluppano spesso a seguito di esperienze passate in cui ci siamo sentiti feriti, traditi o ingiustamente trattati. Queste emozioni possono essere profondamente radicate e difficili da superare, ma è possibile affrontarle e liberarsene.

Il primo passo per superare il rancore e il risentimento è l'accettazione di queste emozioni. Riconoscere che siamo arrabbiati o feriti e dare spazio a queste emozioni senza giudicarle o reprimerle è essenziale per affrontarle in modo sano.

Successivamente, è importante esaminare la fonte del rancore e del risentimento. Chiedersi perché ci sentiamo così e cosa ha scatenato queste emozioni può aiutare a comprendere meglio il nostro dolore e a identificare eventuali schemi di pensiero o convinzioni negative che contribuiscono a queste emozioni.

Durante il processo di superamento del rancore e del risentimento, può essere utile esprimere le nostre emozioni in modo costruttivo. Parlare con una persona fidata o con uno psicoterapeuta può aiutare a elaborare i nostri sentimenti e a ottenere una prospettiva più equilibrata sulla situazione.

Una pratica utile per superare il rancore e il risentimento è la pratica del perdono. Perdonare non significa giustificare o dimenticare ciò che è successo, ma piuttosto liberare noi stessi dal peso emotivo del passato. Perdonare ci consente di lasciar andare il rancore e il risentimento e di trovare una prospettiva più positiva sulla situazione.

Il perdono è un atto di liberazione che ci permette di rompere il legame emotivo con la situazione passata e di prendere il controllo delle nostre emozioni. Perdonare non è facile e può richiedere tempo e impegno, ma è un passo importante verso la guarigione emotiva e il benessere psicologico.

Un altro aspetto fondamentale per superare il rancore e il risentimento è il lavoro sulla nostra autostima e sulla nostra sicurezza emotiva. Spesso, il rancore e il risentimento possono derivare da ferite passate che hanno minato la nostra fiducia in noi stessi e nelle nostre relazioni. Sviluppare una maggiore autostima ci permette di affrontare le emozioni negative con più resilienza e di stabilire confini sani nelle nostre interazioni con gli altri.

La pratica della gratitudine può anche essere utile per superare il rancore e il risentimento. Concentrarsi sugli aspetti positivi della nostra vita e sulle persone che ci amano e ci sostengono ci aiuta a coltivare una prospettiva più positiva e gratificante.

Infine, imparare a perdonare noi stessi è altrettanto importante come perdonare gli altri. Spesso, siamo duri con noi stessi per errori passati o per scelte che consideriamo sbagliate. Accettare e perdonare noi stessi ci permette di liberarci dalla colpa e di sviluppare una maggiore compassione verso noi stessi.

In conclusione, superare il rancore e il risentimento è un processo che richiede consapevolezza, impegno e tempo. Accettare e riconoscere le nostre emozioni, esaminare la fonte del rancore e del risentimento, esprimere le nostre emozioni in modo costruttivo e praticare il perdono sono passi fondamentali per liberarci dal peso emotivo del passato. Coltivare una maggiore autostima, praticare la gratitudine e imparare a perdonare noi stessi ci permette di aprire spazio per emozioni più positive e relazioni più significative. Il processo di superamento del rancore e del risentimento ci permette di vivere una vita più libera, autentica e appagante.

Accettare se stessi e gli altri senza giudizio è un atto di amore e compassione che può portare a una maggiore felicità e relazioni più autentiche. Troppo spesso, ci troviamo intrappolati in un ciclo di giudizio verso noi stessi e gli altri, e questo può avere un impatto negativo sul nostro benessere emotivo e sulle nostre interazioni sociali. Accettare se stessi e gli altri senza giudizio significa riconoscere e abbracciare la nostra umanità e quella degli altri, con tutte le imperfezioni e le sfaccettature che ci rendono unici.

Iniziare il percorso di accettazione senza giudizio richiede una maggiore consapevolezza delle nostre tendenze a giudicare noi stessi e gli altri. Osservare i nostri pensieri e le nostre emozioni senza giudicarli ci permette di prendere coscienza dei modelli mentali negativi che ci limitano e di iniziare a cambiarli.

Spesso, il giudizio verso noi stessi deriva da aspettative irrealistiche e da una mitezza eccessiva. Ci aspettiamo di essere perfetti in ogni cosa che facciamo, e quando non raggiungiamo questi standard, ci giudichiamo duramente. Imparare a riconoscere e a cambiare queste aspettative irrealistiche ci permette di abbracciare la nostra umanità e di essere gentili con noi stessi, anche nei momenti di difficoltà.

Accettarsi senza giudizio significa riconoscere e abbracciare tutte le parti di noi stessi, anche quelle che consideriamo "difetti" o "errori". Accettare le nostre imperfezioni ci permette di abbracciare la nostra unicità e di sviluppare una maggiore autostima e fiducia in noi stessi.

Accettare se stessi senza giudizio è anche un atto di liberazione dalle aspettative e dai condizionamenti esterni. Spesso, cerchiamo di soddisfare le aspettative degli altri e di adeguarci a ciò che pensiamo che gli altri vogliano da noi. Questo può portarci a giudicarci duramente quando non riusciamo a soddisfare queste aspettative. Accettare se stessi senza giudizio ci permette di essere autentici e di seguire il nostro cuore, senza essere vincolati dalle opinioni degli altri.

Accettare gli altri senza giudizio è altrettanto importante per costruire relazioni significative e autentiche. Spesso, giudichiamo gli altri in base alle nostre aspettative e ai nostri pregiudizi, senza davvero cercare di capire le loro esperienze e le loro prospettive. Accettare gli altri senza giudizio significa ascoltare con apertura e compassione, e riconoscere che ognuno di noi ha il proprio percorso e le proprie sfide.

Accettare gli altri senza giudizio ci permette di coltivare la connessione emotiva e di costruire relazioni basate sulla fiducia e sulla sincerità. Quando accettiamo gli altri per ciò che sono, senza cercare di cambiarli o giudicarli, creiamo un ambiente di rispetto reciproco e di comprensione.

Il processo di accettazione senza giudizio richiede pratica e consapevolezza costante. Possiamo iniziare con piccoli passi, come osservare i nostri pensieri giudicanti e cercare di sostituirli con pensieri più compassionevoli. Possiamo anche praticare la gratitudine per ciò che siamo e per gli altri, riconoscendo le nostre qualità e i doni che gli altri portano nella nostra vita.

In conclusione, accettare se stessi e gli altri senza giudizio è un viaggio verso una maggiore felicità e autenticità. Significa abbracciare la nostra umanità e quella degli altri, con tutte le imperfezioni e le sfaccettature che ci rendono unici. Liberarsi dal giudizio ci permette di vivere una vita più autentica e di costruire relazioni più significative e autentiche. Con la pratica e la consapevolezza, possiamo sviluppare una maggiore gentilezza verso noi stessi e gli altri, aprendo la strada a una maggiore felicità e benessere emotivo.

Coltivare la compassione e la gentilezza verso se stessi è un atto di amore e cura verso la propria persona. Troppo spesso, siamo duri e critici con noi stessi, giudicandoci duramente per i nostri errori e per le nostre imperfezioni. Tuttavia, la compassione e la gentilezza verso se stessi sono fondamentali per il nostro benessere emotivo e per la costruzione di una sana autostima.

La compassione verso se stessi significa trattarsi con la stessa gentilezza e premura che avremmo verso un amico caro. Si tratta di riconoscere e accettare le nostre vulnerabilità e le nostre debolezze senza giudizio o autocritica. Quando ci sentiamo tristi, arrabbiati o delusi, la compassione verso se stessi ci permette di affrontare queste emozioni con una maggiore accettazione e tenerezza.

La gentilezza verso se stessi implica prendersi cura del proprio corpo, della propria mente e delle proprie emozioni. Significa ascoltare e rispettare i propri bisogni e prendersi del tempo per sé stessi per rilassarsi e rigenerarsi. La gentilezza verso se stessi ci permette di coltivare un rapporto di fiducia e amore con noi stessi, creando una base solida per la nostra crescita personale e per il benessere psicofisico.

Coltivare la compassione e la gentilezza verso se stessi richiede una maggiore consapevolezza dei nostri pensieri e delle nostre parole interne. Spesso, siamo duri con noi stessi senza nemmeno rendercene conto. Osservare i nostri pensieri e le nostre parole interne ci permette di riconoscere i modelli negativi e di sostituirli con pensieri più compassionevoli e gentili.

La pratica della meditazione della compassione può essere un modo efficace per coltivare queste qualità. Durante la meditazione della compassione, si visualizza se stessi e si invia amore e gentilezza verso di sé. Questa pratica ci permette di sviluppare una maggiore consapevolezza delle nostre emozioni e di accoglierle con una maggiore tenerezza.

La compassione verso se stessi ci permette anche di perdonare noi stessi per gli errori passati e di imparare da essi. Tutti commettiamo errori e nessuno è perfetto. Accettare e perdonare noi stessi ci permette di liberarci dalla colpa e di coltivare una maggiore autostima e fiducia in noi stessi.

La gentilezza verso se stessi ci aiuta a sviluppare una maggiore resilienza e a superare le sfide con maggior equanimità. Quando trattiamo noi stessi con gentilezza e premura, siamo più in grado di affrontare le difficoltà con una prospettiva più positiva e di trovare soluzioni creative.

La compassione e la gentilezza verso se stessi sono anche fondamentali per costruire relazioni significative e autentiche con gli altri. Quando ci amiamo e ci accettiamo, siamo più capaci di amare e accettare gli altri. La gentilezza verso se stessi si riflette nelle nostre interazioni con gli altri, creando un clima di rispetto e comprensione reciproca.

Inoltre, la compassione verso se stessi ci permette di sviluppare una maggiore empatia verso gli altri. Quando riconosciamo e accettiamo le nostre emozioni, siamo più capaci di comprendere le emozioni degli altri e di essere presenti per loro in modo autentico e compassionevole.

In conclusione, coltivare la compassione e la gentilezza verso se stessi è un viaggio di crescita personale e di benessere emotivo. Queste qualità ci permettono di trattarci con amore e rispetto, creando una base solida per la nostra autostima e per la costruzione di relazioni significative. La compassione verso se stessi ci permette di affrontare le sfide con maggiore resilienza e di trovare una prospettiva più positiva sulla vita. La gentilezza verso se stessi si riflette nelle nostre interazioni con gli altri, creando un ambiente di rispetto e comprensione reciproca. Coltivare la compassione e la gentilezza verso se stessi è un dono che possiamo fare a noi stessi, aprendo la strada a una vita più piena, autentica e appagante.

Il percorso verso l'autenticità e l'autorealizzazione è un viaggio profondo di scoperta e crescita personale. Essere autentici significa essere fedeli a noi stessi, alle nostre emozioni, ai nostri valori e alle nostre aspirazioni più profonde. L'autorealizzazione è il processo di sviluppare il nostro potenziale unico e di vivere una vita significativa e soddisfacente in linea con chi siamo veramente.

Per molti di noi, il percorso verso l'autenticità e l'autorealizzazione inizia con la consapevolezza di chi siamo veramente e di ciò che desideriamo veramente dalla vita. Spesso, siamo influenzati dalle aspettative della società, dalla famiglia o dagli amici, e ci allontaniamo dal nostro vero io. Prendersi il tempo per riflettere e connettersi con i nostri desideri più profondi è essenziale per avviare questo percorso.

Essere autentici richiede anche il coraggio di mostrarsi al mondo per quello che siamo veramente, senza maschere o falsi pretesti. Significa abbracciare le nostre debolezze e le nostre vulnerabilità, accettandoci per ciò che siamo senza giudizio o autocritica. Questo processo di accettazione ci permette di liberarci dalle aspettative esterne e di vivere in modo più autentico e genuino.

L'autorealizzazione richiede un impegno costante verso la crescita e lo sviluppo personale. Significa essere aperti al cambiamento e alla trasformazione, cercando sempre di diventare la migliore versione di noi stessi. Questo percorso può essere sfidante e richiedere sacrifici, ma è un cammino di crescita e realizzazione che vale la pena intraprendere.

Un elemento chiave nel percorso verso l'autenticità e l'autorealizzazione è la ricerca del significato e del senso della vita. Chiedersi quale sia il nostro scopo e cosa ci appassiona ci aiuta a delineare i nostri obiettivi e a orientarci verso ciò che ci rende davvero felici. Trovare un senso di significato nella nostra vita ci motiva e ci dà uno scopo più ampio che va al di là delle superficiali preoccupazioni quotidiane.

L'autenticità e l'autorealizzazione richiedono anche un processo di autoconoscenza profonda. Esplorare il nostro mondo interiore, i nostri desideri, i nostri sogni e le nostre paure ci permette di comprendere meglio chi siamo e cosa vogliamo. Questo viaggio di autoesplorazione ci porta a riconoscere i nostri punti di forza e le nostre debolezze, e ci dà la possibilità di sviluppare una maggiore consapevolezza di noi stessi.

Il percorso verso l'autenticità e l'autorealizzazione può essere reso ancora più significativo quando condiviso con gli altri. La connessione con gli altri e il contribuire al benessere della comunità ci permettono di vivere una vita più piena e significativa. Essere autentici e veri con gli altri ci aiuta a costruire relazioni sincere e autentiche, basate sulla fiducia e sulla reciproca comprensione.

Durante il percorso verso l'autenticità e l'autorealizzazione, è importante lasciarsi guidare dalla passione e dalla curiosità. Sperimentare nuove esperienze, imparare nuove abilità e cercare nuove opportunità ci aiuta a crescere e a svilupparci personalmente e professionalmente.

Infine, il percorso verso l'autenticità e l'autorealizzazione è un viaggio continuo, senza una meta finale definita. È un processo di evoluzione e crescita che continua per tutta la vita. Ogni giorno, possiamo fare piccoli passi verso l'autenticità, cercando di vivere in modo più vero e fedele a noi stessi.

In conclusione, il percorso verso l'autenticità e l'autorealizzazione è un viaggio di scoperta di sé e di crescita personale. Essere autentici ci permette di vivere una vita più genuina e soddisfacente, mentre l'autorealizzazione ci aiuta a sviluppare il nostro potenziale unico e a vivere in linea con i nostri valori e aspirazioni più profonde. Questo percorso richiede consapevolezza, coraggio e impegno costante verso la crescita e lo sviluppo personale. Coltivando la nostra autenticità e cercando la nostra realizzazione personale, possiamo creare una vita piena di significato, soddisfazione e gioia.

Capitolo 7: La resilienza come risorsa

La resilienza è una preziosa risorsa psicologica che ci permette di affrontare le sfide della vita e di superare le difficoltà in modo positivo e costruttivo. Essa è la capacità di adattarsi e di riprendersi dalle avversità, di affrontare le situazioni stressanti e di trovare nuove risorse per far fronte alle sfide della vita. La resilienza non è solo una caratteristica innata, ma è anche una capacità che può essere sviluppata e potenziata nel corso del tempo.

La resilienza ci aiuta a gestire lo stress e le emozioni negative in modo sano ed efficace. Essa ci permette di affrontare le difficoltà con flessibilità e di reagire in modo proattivo, anziché essere sopraffatti dagli eventi avversi. La capacità di rimanere calmi e centrati anche di fronte a situazioni difficili ci aiuta a prendere decisioni migliori e a trovare soluzioni creative.

Un elemento chiave della resilienza è la capacità di adattarsi ai cambiamenti e alle nuove circostanze. La vita è piena di imprevisti e cambiamenti, e la resilienza ci permette di affrontarli con un atteggiamento aperto e positivo. Essa ci aiuta a vedere i cambiamenti come opportunità per crescere e imparare, anziché come minacce.

La resilienza è anche strettamente legata alla nostra capacità di stabilire relazioni significative e di chiedere aiuto quando ne abbiamo bisogno. Essere resilienti non significa affrontare tutto da soli, ma saper chiedere supporto e condividere le nostre emozioni e le nostre difficoltà con gli altri. La presenza di una rete di supporto sociale ci aiuta a superare le difficoltà e a sentirsi meno soli di fronte alle avversità.

La fiducia in se stessi è un altro elemento fondamentale della resilienza. Credere nelle nostre capacità e nella nostra forza interiore ci permette di affrontare le sfide con maggiore ottimismo e determinazione. La resilienza ci aiuta a sviluppare una maggiore autostima e fiducia nelle nostre capacità di far fronte alle difficoltà.

La pratica della mindfulness e della consapevolezza è un'importante risorsa per sviluppare la resilienza. Essa ci permette di essere presenti nel momento presente, di accettare le nostre emozioni e di gestire lo stress in modo sano. La consapevolezza ci aiuta a sviluppare una maggiore resilienza emotiva e a reagire in modo più calmo e razionale di fronte alle sfide.

La capacità di vedere il lato positivo delle situazioni difficili è un tratto tipico delle persone resilienti. Questa prospettiva ottimistica ci permette di trovare un senso di significato e di crescita anche nelle avversità. Essa ci aiuta a sviluppare una maggiore gratitudine per ciò che abbiamo e per le persone che ci sostengono, rendendoci più resilienti di fronte alle difficoltà.

Infine, la resilienza ci insegna l'importanza di imparare dagli errori e dalle difficoltà. Le esperienze difficili ci offrono l'opportunità di crescere e di sviluppare nuove abilità. Essere aperti all'apprendimento e alla crescita personale ci permette di diventare persone più forti e consapevoli.

In conclusione, la resilienza è una preziosa risorsa psicologica che ci permette di affrontare le sfide della vita con flessibilità, ottimismo e determinazione. Essa ci aiuta a gestire lo stress e le emozioni negative in modo sano, a sviluppare relazioni significative e a chiedere aiuto quando ne abbiamo bisogno. La fiducia in se stessi, la pratica della mindfulness e dell'accettazione delle emozioni e la prospettiva ottimistica sono tutti elementi chiave della resilienza. Essa ci insegna l'importanza di imparare dalle difficoltà e di vedere i cambiamenti come opportunità per crescere e imparare. Sviluppando la nostra resilienza, possiamo affrontare le avversità con forza e coraggio, vivendo una vita più autentica e soddisfacente.

Il significato della resilienza e della flessibilità mentale è profondo e cruciale per affrontare le sfide della vita in modo positivo e costruttivo. La resilienza è la capacità di adattarsi e di riprendersi dalle avversità, mentre la flessibilità mentale è la capacità di adattarsi ai cambiamenti e alle nuove circostanze senza essere rigidi o bloccati nelle nostre convinzioni e atteggiamenti.

La resilienza è come una molla che ci permette di rimbalzare dopo un periodo difficile o di fronte a situazioni stressanti. Essa ci aiuta a gestire le emozioni negative e a trovare nuove risorse per far fronte alle difficoltà. La resilienza ci rende più forti e ci permette di affrontare le avversità con maggior coraggio e ottimismo.

Essere resilienti non significa evitare le difficoltà o nascondersi di fronte ai problemi, ma affrontarli con un atteggiamento positivo e proattivo. La resilienza ci permette di reagire in modo costruttivo di fronte alle sfide, cercando soluzioni creative e apprendendo dagli errori passati.

La flessibilità mentale è altrettanto importante, poiché ci permette di adattarci ai cambiamenti e alle nuove circostanze senza essere rigidi o bloccati nelle nostre convinzioni e atteggiamenti. La flessibilità mentale ci permette di vedere le cose da diverse prospettive e di adottare nuovi modi di pensare e agire. Essa ci aiuta a essere aperti alle nuove idee e alle nuove opportunità, permettendoci di crescere e di svilupparci personalmente e professionalmente.

La flessibilità mentale ci aiuta anche a gestire lo stress in modo più efficace. Quando siamo flessibili nella nostra mente, siamo meno inclini a lasciarci sopraffare dalle emozioni negative e siamo più in grado di affrontare le situazioni difficili in modo calmo e razionale.

Una delle chiavi della flessibilità mentale è la capacità di adattarsi ai cambiamenti e alle nuove situazioni. La vita è piena di imprevisti e cambiamenti, e la flessibilità mentale ci permette di affrontarli con un atteggiamento aperto e positivo. Essa ci aiuta a vedere i cambiamenti come opportunità per crescere e imparare, anziché come minacce.

La pratica della mindfulness è un'importante risorsa per sviluppare la flessibilità mentale. Essa ci permette di essere presenti nel momento presente, di accettare le nostre emozioni e di gestire lo stress in modo sano. La mindfulness ci aiuta a sviluppare una maggiore flessibilità emotiva e a reagire in modo più calmo e razionale di fronte alle sfide.

La resilienza e la flessibilità mentale sono strettamente legate. Essere resilienti ci permette di affrontare le sfide della vita con un atteggiamento aperto e positivo, mentre essere mentalmente flessibili ci permette di adattarci ai cambiamenti e alle nuove situazioni in modo costruttivo.

Coltivare la resilienza e la flessibilità mentale richiede pratica e consapevolezza costante. Possiamo iniziare con piccoli passi, come osservare i nostri pensieri e le nostre emozioni e cercare di essere più flessibili nel nostro modo di pensare e agire. Possiamo anche cercare il sostegno di una rete di supporto sociale, condividendo le nostre emozioni e le nostre difficoltà con gli altri.

In conclusione, il significato della resilienza e della flessibilità mentale è cruciale per affrontare le sfide della vita in modo positivo e costruttivo. La resilienza ci permette di adattarci e di riprenderci dalle avversità, mentre la flessibilità mentale ci permette di adattarci ai cambiamenti e alle nuove circostanze in modo costruttivo. Coltivare la resilienza e la flessibilità mentale richiede pratica e consapevolezza costante, ma ci permette di vivere una vita più autentica e soddisfacente, affrontando le difficoltà con coraggio e ottimismo.

Affrontare i fallimenti e imparare dalla sconfitta è un aspetto fondamentale del percorso di crescita personale e della costruzione della resilienza. I fallimenti fanno parte della vita di ognuno di noi e sono inevitabili nel percorso verso il successo e la realizzazione. Imparare a gestire e superare i fallimenti è una competenza essenziale per affrontare le sfide con determinazione e spirito di apprendimento.

Innanzitutto, è importante accettare e affrontare i fallimenti senza lasciarsi sopraffare dalle emozioni negative. È normale sentirsi delusi, arrabbiati o frustrati dopo un fallimento, ma è essenziale non farsi travolgere da queste emozioni. Prendersi del tempo per elaborare i sentimenti e riflettere sulle cause del fallimento può essere utile per capire cosa è andato storto e quali azioni possono essere intraprese per evitare errori simili in futuro.

Un altro aspetto importante nell'affrontare i fallimenti è evitare l'autocritica e l'auto-svalutazione. Il fallimento non significa che siamo incompetenti o incapaci, ma è semplicemente un'opportunità di apprendimento e crescita. Invece di giudicarsi duramente, è meglio adottare una prospettiva più compassionevole verso se stessi e riconoscere che tutti commettiamo errori.

Il fallimento può essere una fonte preziosa di apprendimento e di crescita personale. Ogni fallimento ci offre l'opportunità di imparare qualcosa di nuovo su noi stessi e sulle nostre capacità. Analizzare le cause del fallimento e identificare gli errori commessi ci permette di sviluppare una maggiore consapevolezza e di adottare strategie migliori in futuro.

Inoltre, il fallimento ci insegna l'importanza della perseveranza e della determinazione. Superare i fallimenti richiede impegno e tenacia nel continuare a lottare per raggiungere i nostri obiettivi. Le persone resilienti non si arrendono di fronte alle avversità, ma usano i fallimenti come una spinta per rafforzare la loro determinazione e continuare a perseguire i loro sogni.

Affrontare i fallimenti può essere anche un'opportunità per valutare i nostri obiettivi e le nostre priorità. Forse il fallimento indica che il nostro obiettivo non era allineato con ciò che veramente desideriamo, o che era troppo ambizioso in un certo momento. Rivedere i nostri obiettivi e adattarli alle nostre reali aspirazioni può aiutarci a rimetterci in carreggiata e a progredire verso il successo.

Le persone resilienti imparano a vedere i fallimenti come parte del processo di crescita e di successo. Cercano di non prendere i fallimenti come una sconfitta personale, ma come un'opportunità per migliorarsi e per diventare più forti. Vedono i fallimenti come una tappa necessaria nel cammino verso il successo e come una lezione preziosa per il futuro.

Infine, affrontare i fallimenti ci aiuta a sviluppare una mentalità di apprendimento. Una mentalità di apprendimento ci spinge a vedere le situazioni difficili come sfide da superare e non come ostacoli insormontabili. Ci incoraggia a cercare nuove soluzioni, a chiedere aiuto quando ne abbiamo bisogno e a non temere di fare errori lungo il percorso.

In conclusione, affrontare i fallimenti e imparare dalla sconfitta è una componente essenziale del percorso verso la resilienza e il successo. Accettare e gestire i fallimenti senza lasciarsi sopraffare dalle emozioni negative ci permette di sviluppare una maggiore consapevolezza e determinazione. Vedere i fallimenti come opportunità di apprendimento e crescita ci aiuta a sviluppare una mentalità di apprendimento e a trovare nuove strategie per raggiungere i nostri obiettivi. I fallimenti fanno parte della vita, ma la nostra capacità di affrontarli e superarli con coraggio e spirito di apprendimento ci rende più forti e più resilienti di fronte alle sfide future.

Sviluppare una prospettiva ottimistica nel contesto dei cambiamenti è una risorsa preziosa per affrontare le sfide della vita con coraggio e fiducia. La prospettiva ottimistica ci permette di vedere i cambiamenti come opportunità per crescere e migliorare, anziché come minacce o difficoltà insormontabili. Essa ci aiuta a gestire lo stress e l'ansia associati ai cambiamenti, consentendoci di adottare un atteggiamento positivo e proattivo.

Una prospettiva ottimistica ci incoraggia a vedere i cambiamenti come parte naturale della vita e come opportunità per sviluppare nuove competenze e abilità. Invece di resistere ai cambiamenti, cerchiamo di abbracciarli come una tappa necessaria nel nostro percorso di crescita personale e professionale. La capacità di adattarsi ai cambiamenti ci permette di affrontare le sfide con flessibilità e di adottare nuove strategie quando le vecchie non funzionano più.

Un atteggiamento ottimistico nei confronti dei cambiamenti ci aiuta anche a ridurre lo stress e l'ansia. Quando affrontiamo i cambiamenti con ottimismo, siamo meno inclini a lasciarci sopraffare dalle emozioni negative e più capaci di reagire in modo calmo e razionale. La prospettiva ottimistica ci permette di vedere la situazione da diverse angolazioni e di trovare soluzioni creative.

Lo sviluppo di una prospettiva ottimistica richiede pratica e consapevolezza. È normale avere paure e incertezze di fronte ai cambiamenti, ma è importante cercare di concentrarsi sugli aspetti positivi e sulle opportunità che essi possono portare. Prendersi del tempo per riflettere sui benefici potenziali dei cambiamenti e sulle lezioni che possiamo imparare da essi ci aiuta a sviluppare una prospettiva più ottimistica.

Un altro aspetto chiave dello sviluppo di una prospettiva ottimistica è cercare il sostegno di una rete di supporto sociale. Condividere le nostre preoccupazioni e le nostre emozioni con gli altri ci permette di ottenere prospettive diverse e di sentirsi meno soli di fronte ai cambiamenti. Il supporto degli altri ci dà la forza e la fiducia necessarie per affrontare i cambiamenti con ottimismo e determinazione.

La pratica della mindfulness è un'importante risorsa per sviluppare una prospettiva ottimistica nei confronti dei cambiamenti. Essa ci permette di essere presenti nel momento presente e di accettare le nostre emozioni e i nostri pensieri senza giudicarli. La mindfulness ci aiuta a sviluppare una maggiore consapevolezza di noi stessi e delle nostre reazioni ai cambiamenti, permettendoci di adottare un atteggiamento più ottimistico.

La prospettiva ottimistica ci incoraggia a vedere i cambiamenti come una parte naturale della vita e come un'opportunità per crescere e migliorare. Ci permette di essere aperti alle nuove sfide e di adottare un atteggiamento positivo verso il futuro. La prospettiva ottimistica ci aiuta a liberarci dalla paura del cambiamento e ci permette di abbracciare le nuove opportunità che esso ci offre.

Infine, lo sviluppo di una prospettiva ottimistica richiede una pratica costante e il riconoscimento che ogni cambiamento porta con sé nuove sfide e opportunità. Essa ci permette di affrontare i cambiamenti con flessibilità e di adattarci alle nuove situazioni con coraggio e fiducia. Sviluppare una prospettiva ottimistica ci permette di vivere una vita più autentica e soddisfacente, affrontando i cambiamenti con positività e speranza per il futuro.

Rinforzare la resilienza attraverso la crescita personale è un percorso di sviluppo che permette di affrontare le sfide della vita con maggiore forza e determinazione. La resilienza è la capacità di adattarsi e di riprendersi dalle avversità, e la crescita personale è il processo di sviluppo delle proprie capacità, abilità e consapevolezza. Unire queste due dimensioni ci aiuta a diventare persone più forti e più consapevoli di noi stessi.

La crescita personale ci permette di esplorare e scoprire le nostre risorse interiori, le nostre passioni e i nostri valori. Ci aiuta a sviluppare una maggiore autostima e fiducia nelle nostre capacità, che sono elementi fondamentali della resilienza. Quando crediamo in noi stessi e nelle nostre capacità di far fronte alle sfide, siamo più propensi a superarle con successo.

La crescita personale ci incoraggia anche a imparare nuove competenze e abilità. Quando sviluppiamo nuove capacità, ci sentiamo più preparati ad affrontare situazioni difficili e a trovare soluzioni creative ai problemi. Queste nuove competenze ci danno un senso di realizzazione e di progresso, che sono importanti fonti di motivazione e resilienza.

Un aspetto chiave della crescita personale è l'apprendimento continuo. Essa ci invita a essere curiosi e a cercare sempre nuove opportunità di apprendimento e crescita. L'apprendimento continuo ci aiuta a sviluppare una mentalità di apprendimento, che ci permette di affrontare le sfide con flessibilità e apertura mentale.

La crescita personale ci spinge anche a sviluppare una maggiore consapevolezza di noi stessi e delle nostre emozioni. Essere consapevoli delle nostre emozioni ci permette di gestirle in modo sano ed efficace, evitando di lasciarci sopraffare dalla paura, l'ansia o la rabbia. La consapevolezza di sé ci aiuta a prendere decisioni più consapevoli e a reagire in modo più calmo di fronte alle avversità.

La pratica della mindfulness è un'importante risorsa per sviluppare la consapevolezza di sé e rinforzare la resilienza. Essa ci permette di essere presenti nel momento presente, di accettare le nostre emozioni e i nostri pensieri senza giudicarli. La mindfulness ci aiuta a sviluppare una maggiore resilienza emotiva e a reagire in modo più calmo e razionale di fronte alle sfide.

La crescita personale ci invita anche a esplorare e comprendere il nostro scopo e i nostri valori nella vita. Quando abbiamo un senso di scopo e di significato, siamo più motivati e determinati nel perseguire i nostri obiettivi. Questo senso di scopo ci dà la forza e la resilienza necessarie per superare le difficoltà e le avversità.

Inoltre, la crescita personale ci spinge a prendere in mano la nostra vita e a assumerci la responsabilità delle nostre azioni. Quando ci prendiamo la responsabilità della nostra vita, diventiamo protagonisti del nostro percorso di crescita e sviluppo. Questo ci rende più forti e resilienti, in quanto ci rendiamo conto che possiamo influenzare il nostro futuro e prendere decisioni consapevoli per il nostro benessere.

Infine, la crescita personale ci aiuta a sviluppare una mentalità positiva e ottimistica. Una mentalità positiva ci permette di affrontare le sfide con speranza e fiducia, vedendo le difficoltà come opportunità per crescere e imparare. Questa prospettiva ottimistica ci aiuta a sviluppare una maggiore resilienza emotiva e a reagire in modo più calmo e razionale di fronte alle sfide.

In conclusione, rinforzare la resilienza attraverso la crescita personale è un percorso di sviluppo che ci aiuta ad affrontare le sfide della vita con maggiore forza e determinazione. La crescita personale ci permette di sviluppare una maggiore autostima e fiducia nelle nostre capacità, e ci invita a imparare nuove competenze e abilità. Essa ci incoraggia a essere curiosi e a cercare sempre nuove opportunità di apprendimento e crescita. La crescita personale ci spinge anche a sviluppare una maggiore consapevolezza di noi stessi e delle nostre emozioni, e ci invita a esplorare e comprendere il nostro scopo e i nostri valori nella vita. Infine, ci aiuta a sviluppare una mentalità positiva e ottimistica, che ci permette di affrontare le sfide con speranza e fiducia. In questo modo, rinforzare la resilienza attraverso la crescita personale ci permette di vivere una vita più autentica e soddisfacente, affrontando le difficoltà con coraggio e ottimismo.

Trasformare le sfide in opportunità di crescita è un processo fondamentale per sviluppare la resilienza e il benessere psicologico. Le sfide fanno parte della vita di ognuno di noi e sono inevitabili nel nostro percorso di crescita e realizzazione. Tuttavia, la nostra prospettiva e la nostra capacità di affrontare le sfide possono fare la differenza tra essere sopraffatti o trasformare tali momenti in opportunità di crescita personale.

La prima chiave per trasformare le sfide in opportunità di crescita è adottare una mentalità aperta e positiva. Vedere le sfide come opportunità di imparare qualcosa di nuovo su di noi stessi e sulle nostre capacità ci permette di affrontarle con maggiore coraggio e determinazione. Quando affrontiamo le sfide con un atteggiamento proattivo, siamo più propensi a trovare soluzioni creative e a superarle con successo.

Un altro aspetto cruciale è imparare a gestire le emozioni associate alle sfide. È normale provare paura, ansia o frustrazione di fronte alle sfide, ma è importante non lasciare che queste emozioni ci sopraffacciano. La consapevolezza delle nostre emozioni ci permette di gestirle in modo sano ed efficace, evitando di lasciarci dominare da esse e di prendere decisioni irrazionali. Imparare a gestire le emozioni ci aiuta a mantenere la calma e la chiarezza di pensiero, consentendoci di affrontare le sfide con una mente aperta e lucida.

Oltre alla gestione delle emozioni, la trasformazione delle sfide in opportunità di crescita richiede anche la capacità di imparare dalle esperienze passate. Riflettere sulle sfide affrontate in passato e sulle strategie utilizzate per superarle ci permette di acquisire una maggiore consapevolezza di noi stessi e delle nostre risorse. Questo processo di auto-riflessione ci aiuta a identificare i nostri punti di forza e le nostre debolezze, consentendoci di sviluppare una maggiore resilienza e di affrontare le sfide future con maggior saggezza.

Inoltre, trasformare le sfide in opportunità di crescita ci invita a vedere ogni momento difficile come una possibilità per sviluppare nuove competenze e abilità. Le sfide ci mettono alla prova e ci spingono a superare i nostri limiti, portandoci a scoprire nuove risorse e potenzialità che potremmo non essere stati consapevoli di possedere. Queste nuove competenze non solo ci aiutano a superare le sfide attuali, ma ci preparano anche a far fronte alle sfide future con maggiore sicurezza.

La prospettiva di trasformare le sfide in opportunità di crescita ci permette di abbracciare il cambiamento come parte naturale della vita. Quando riconosciamo che le sfide sono inevitabili e che il cambiamento è una costante, siamo più disposti ad adattarci e ad affrontare le situazioni in modo flessibile e costruttivo. Questa apertura al cambiamento ci permette di vedere le sfide come occasioni per crescere e svilupparci, anziché come ostacoli insormontabili.

Infine, trasformare le sfide in opportunità di crescita richiede il coraggio di spingersi al di là della zona di comfort. Affrontare le sfide con coraggio e determinazione ci permette di scoprire nuove parti di noi stessi e di sperimentare nuove possibilità. Questo processo di crescita personale ci rende più forti e più resilienti di fronte alle sfide future.

In conclusione, trasformare le sfide in opportunità di crescita è un processo che richiede una mentalità aperta e positiva, la gestione delle emozioni, l'apprendimento dalle esperienze passate e il coraggio di spingersi al di là della zona di comfort. Questo processo di trasformazione ci permette di sviluppare una maggiore resilienza e di affrontare le sfide della vita con maggiore coraggio, fiducia e consapevolezza di noi stessi. Vedere le sfide come opportunità di crescita ci aiuta a vivere una vita più autentica e soddisfacente, affrontando le difficoltà con spirito di apprendimento e determinazione.

Capitolo 8: Coltivare la gratitudine e la gioia di vivere

Coltivare la gratitudine e la gioia di vivere è un potente strumento per migliorare il benessere psicologico e la qualità della vita. La gratitudine è la capacità di apprezzare e riconoscere le cose positive nella nostra vita, anche quelle apparentemente piccole e semplici. La gioia di vivere è la capacità di provare gioia e piacere nelle piccole cose quotidiane, nonché nell'esperienza della vita stessa.

La pratica della gratitudine ci invita a concentrarci su ciò che abbiamo, anziché sulle cose che ci mancano. Questo ci permette di sviluppare una prospettiva più positiva sulla vita e di focalizzarci sulle cose che ci rendono felici e soddisfatti. La gratitudine ci aiuta a superare la tendenza a dare per scontato ciò che abbiamo e ci porta a riconoscere il valore delle persone, delle esperienze e delle opportunità che arricchiscono la nostra vita.

Un modo per coltivare la gratitudine è tenere un diario della gratitudine. Ogni giorno, possiamo scrivere almeno tre cose per cui siamo grati. Queste possono essere piccole cose come un tramonto suggestivo, un sorriso di un amico o un pasto delizioso. La pratica regolare della gratitudine ci aiuta a sviluppare una prospettiva più positiva sulla vita e a riconoscere la bellezza e l'abbondanza che ci circonda.

Inoltre, la gratitudine ci aiuta a sviluppare una maggiore resilienza mentale. Quando ci concentriamo sulle cose positive e sulle nostre risorse, siamo più capaci di affrontare le sfide e gli ostacoli con una prospettiva più equilibrata. La gratitudine ci aiuta a vedere le difficoltà come opportunità per crescere e apprendere, anziché come insormontabili problemi.

La gioia di vivere è un altro aspetto importante per migliorare il benessere psicologico. Essa ci invita a scoprire e apprezzare la bellezza della vita in tutte le sue sfaccettature. La gioia di vivere ci spinge a vivere nel presente e a godere delle piccole cose che rendono la vita meravigliosa, come un abbraccio caloroso, una risata con gli amici o un momento di tranquillità in mezzo alla natura.

Per coltivare la gioia di vivere, possiamo esplorare e coltivare le nostre passioni e interessi. Passare del tempo facendo ciò che amiamo ci dà energia e gioia, e ci aiuta a sentirci più vivi e soddisfatti. La gioia di vivere ci spinge anche a essere più presenti nel momento presente, consapevoli delle piccole gioie che la vita ci offre ogni giorno.

Un altro modo per coltivare la gioia di vivere è essere grati per le esperienze e le opportunità che ci regala la vita. Apprezzare e gioire delle cose semplici e quotidiane ci permette di sperimentare una maggiore felicità e contentezza. Anche fare un passo indietro e prendere coscienza di quanto la vita sia piena di sorprese e bellezze può contribuire a coltivare la gioia di vivere.

La pratica della mindfulness è un'importante risorsa per coltivare sia la gratitudine che la gioia di vivere. Essa ci aiuta a essere presenti nel momento presente e ad accettare le nostre emozioni e i nostri pensieri senza giudicarli. Essere consapevoli delle nostre esperienze e delle nostre emozioni ci permette di sperimentare la gratitudine e la gioia di vivere in modo più intenso e autentico.

Infine, coltivare la gratitudine e la gioia di vivere ci permette di vivere una vita più autentica e soddisfacente. La gratitudine ci aiuta a vedere la bellezza e l'abbondanza che ci circondano, anche nelle sfide e nelle difficoltà. La gioia di vivere ci spinge a vivere nel presente e a godere delle piccole gioie che la vita ci offre ogni giorno. Insieme, la gratitudine e la gioia di vivere ci aiutano a sviluppare una prospettiva più positiva sulla vita e a vivere in modo più pieno e significativo.

Scoprire il potere trasformativo della gratitudine è un viaggio interiore che ci permette di cambiare la prospettiva sulla vita e di vivere con maggiore felicità e soddisfazione. La gratitudine è molto più di un semplice sentimento di apprezzamento; è una pratica consapevole e intenzionale di riconoscere e valorizzare le cose positive nella nostra vita.

Uno degli aspetti più potenti della gratitudine è la sua capacità di spostare il nostro focus da ciò che ci manca a ciò che abbiamo. Spesso, siamo portati a concentrarci sulle nostre mancanze, sugli ostacoli e sulle difficoltà che incontriamo nel cammino. La gratitudine ci invita a guardare oltre queste sfide e a riconoscere le molteplici benedizioni che ci circondano ogni giorno.

Quando iniziamo a praticare la gratitudine, sviluppiamo una maggiore consapevolezza di tutto ciò che ci è stato donato. Invece di dare per scontate le cose positive, iniziamo a percepirle con una prospettiva di meraviglia e riconoscenza. Questo spostamento di prospettiva ci aiuta a coltivare una mente aperta e positiva, aumentando il nostro livello di felicità e soddisfazione nella vita.

La pratica regolare della gratitudine ci connette anche con il presente e ci invita a godere delle piccole gioie della vita. Quando siamo grati, diventiamo più consapevoli delle piccole cose che ci portano gioia, come un tramonto mozzafiato, una risata con un amico o un momento di tranquillità nella natura. Queste esperienze diventano ancora più preziose quando siamo in grado di riconoscerle e apprezzarle con gratitudine.

La gratitudine ci aiuta anche a sviluppare una maggiore resilienza mentale di fronte alle avversità. Quando siamo grati, riusciamo a vedere le sfide come opportunità di crescita e di apprendimento, anziché come ostacoli insormontabili. Questo atteggiamento ci permette di affrontare le difficoltà con più coraggio e determinazione, permettendoci di superarle con una prospettiva più positiva.

Inoltre, la pratica della gratitudine è associata a numerosi benefici per la salute mentale e fisica. Studi scientifici hanno dimostrato che le persone che praticano la gratitudine regolarmente sperimentano una maggiore felicità, riduzione dello stress e miglioramento della qualità del sonno. La gratitudine è anche associata a un sistema immunitario più forte e a una maggiore longevità.

La gratitudine ci connette anche con gli altri e ci invita a esprimere apprezzamento e riconoscimento per le persone che ci circondano. Esprimere gratitudine verso gli altri crea un legame di connessione e di positività, contribuendo a migliorare le relazioni interpersonali e a creare un ambiente di fiducia e collaborazione.

Per scoprire il potere trasformativo della gratitudine, possiamo iniziare con piccoli passi. Una semplice pratica quotidiana è tenere un diario della gratitudine, in cui annotiamo almeno tre cose per cui siamo grati ogni giorno. Queste possono essere grandi o piccole cose, come il sorriso di un amico, un gesto gentile da parte di un estraneo o un momento di serenità nella natura. Questa pratica ci aiuta a sviluppare una mentalità di gratitudine e a coltivare una prospettiva più positiva sulla vita.

Possiamo anche esprimere gratitudine agli altri attraverso piccoli gesti, come inviare una nota di ringraziamento, fare un complimento o condividere un momento speciale con qualcuno a cui vogliamo bene. Questi semplici gesti di gratitudine hanno un impatto positivo sia su noi stessi che sugli altri, creando una catena di apprezzamento e di positività.

In conclusione, scoprire il potere trasformativo della gratitudine è un percorso di crescita personale e di consapevolezza. La gratitudine ci aiuta a spostare il nostro focus da ciò che ci manca a ciò che abbiamo, aprendo il cuore a una prospettiva di meraviglia e riconoscenza per le benedizioni della vita. La pratica della gratitudine ci connette con il presente e ci permette di godere delle piccole gioie della vita. Essa ci aiuta anche a sviluppare una maggiore resilienza mentale e a sperimentare numerosi benefici per la salute mentale e fisica. Esprimere gratitudine verso gli altri ci connette con le persone che ci circondano e crea un ambiente di positività e fiducia. La gratitudine è un prezioso strumento per vivere una vita più piena, significativa e felice.

Creare una pratica quotidiana di apprezzamento è un modo potente per coltivare la gratitudine e aprire il cuore a una prospettiva più positiva sulla vita. Questa pratica ci invita a prendere consapevolezza delle piccole gioie e benedizioni che ci circondano ogni giorno, portandoci a vivere con maggiore presenza e gratitudine.

Una delle prime cose da fare per iniziare una pratica di apprezzamento è trovare un momento tranquillo ogni giorno per riflettere sulle cose positive che ci sono accadute. Può essere al mattino, durante una pausa pranzo o la sera prima di andare a dormire. Questo momento di riflessione ci aiuta a prendere coscienza delle piccole cose che ci hanno reso felici o che ci hanno fatto sorridere durante la giornata.

Una delle semplici pratiche di apprezzamento è tenere un diario della gratitudine. Ogni giorno, possiamo scrivere almeno tre cose per cui siamo grati. Queste possono essere esperienze, persone, situazioni o cose che ci hanno fatto sentire felici o che hanno avuto un impatto positivo sulla nostra giornata. La scrittura nel diario ci permette di mettere in luce ciò che ci rende felici e di coltivare una prospettiva più positiva sulla vita.

Un'altra pratica di apprezzamento è quella di concentrarsi sulle piccole cose che di solito diamo per scontate. Ad esempio, possiamo prendere consapevolezza del cibo delizioso che mangiamo, dell'aria fresca che respiriamo o delle piccole gentilezze degli altri. Questa attenzione alle piccole cose ci aiuta a sviluppare una maggiore gratitudine per la bellezza e l'abbondanza che ci circondano ogni giorno.

La pratica di apprezzamento può anche coinvolgere altre persone. Possiamo esprimere gratitudine verso gli altri attraverso piccoli gesti come inviare una nota di ringraziamento, fare un complimento o condividere un momento speciale con qualcuno a cui vogliamo bene. Questi gesti di apprezzamento creano un legame di connessione e di positività con gli altri, contribuendo a migliorare le relazioni interpersonali e a creare un ambiente di fiducia e collaborazione.

Durante la pratica di apprezzamento, è importante essere sinceri e autentici nei nostri sentimenti. Non si tratta di forzare la gratitudine, ma di riconoscere e valorizzare sinceramente le cose positive nella nostra vita. Anche in momenti difficili, possiamo trovare un piccolo raggio di luce da apprezzare, come un gesto gentile da parte di un amico o un momento di tranquillità nella natura.

Un'altra forma di pratica di apprezzamento può essere la meditazione della gratitudine. Durante la meditazione, possiamo concentrarci sui sentimenti di gratitudine e apprezzamento per le cose positive nella nostra vita. Questo ci aiuta a coltivare una mente più calma e serena e ci permette di vivere nel presente, riconoscendo il valore delle esperienze che stiamo vivendo.

La pratica di apprezzamento può essere un'esperienza personale e creativa. Ognuno di noi può trovare il proprio modo di esprimere gratitudine e apprezzamento. Possiamo creare rituali di apprezzamento che ci ispirano e ci aiutano a mantenere viva questa pratica nella nostra vita quotidiana.

In conclusione, creare una pratica quotidiana di apprezzamento è un modo potente per coltivare la gratitudine e aprire il cuore a una prospettiva più positiva sulla vita. Questa pratica ci permette di prendere consapevolezza delle piccole gioie e benedizioni che ci circondano ogni giorno, portandoci a vivere con maggiore presenza e gratitudine. La pratica di apprezzamento può coinvolgere la scrittura di un diario della gratitudine, la riflessione sulle piccole cose che di solito diamo per scontate, la condivisione di apprezzamento con gli altri e la meditazione della gratitudine. Questa pratica ci aiuta a coltivare una mente più calma e serena, a vivere nel presente e a riconoscere il valore delle esperienze che stiamo vivendo.

Vivere nel momento presente e saper gustare la vita è una capacità preziosa che ci permette di godere appieno delle esperienze e delle bellezze che ci circondano. Troppo spesso, siamo travolti dagli impegni, dai pensieri sul passato o sul futuro, e ci dimentichiamo di vivere nel qui e ora. La pratica di vivere nel momento presente ci invita a essere pienamente presenti e consapevoli di ciò che sta accadendo, senza essere distratti da pensieri o preoccupazioni.

Una delle chiavi per vivere nel momento presente è la consapevolezza. Essere consapevoli significa essere presenti in modo pieno e attento alle nostre esperienze, alle nostre emozioni e ai nostri pensieri, senza giudicarli o reagire in modo impulsivo. La consapevolezza ci permette di essere testimoni della nostra esperienza senza essere travolti da essa, ci aiuta a riconoscere ciò che proviamo e ciò che ci circonda, senza lasciarci trascinare da distrazioni o preoccupazioni.

La pratica della mindfulness è uno strumento potente per sviluppare la consapevolezza e vivere nel momento presente. Durante la meditazione di mindfulness, ci concentriamo sull'esperienza del respiro o di altre sensazioni fisiche, e quando la mente inizia a vagare, gentilmente torniamo alla nostra attenzione al momento presente. Questo ci permette di coltivare la capacità di essere presenti e concentrati, sia durante la meditazione che nella vita di tutti i giorni.

Vivere nel momento presente ci permette di godere delle piccole gioie della vita. Quando siamo pienamente presenti, possiamo apprezzare la bellezza delle cose semplici, come il suono della pioggia, il profumo dei fiori o un sorriso di un amico. Queste esperienze diventano ancora più preziose quando siamo presenti e consapevoli di loro, ci permettono di connetterci con la vita in modo più profondo e significativo.

La pratica di vivere nel momento presente ci aiuta anche a ridurre lo stress e l'ansia. Spesso, siamo preoccupati per il futuro o ruminiamo sul passato, ma questo ci porta solo a sentirsi in ansia e a perdere la gioia del presente. Essere pienamente presenti ci permette di lasciar andare le preoccupazioni riguardanti il futuro e di accettare ciò che è successo nel passato, vivendo con maggiore serenità e tranquillità.

Un altro aspetto importante di vivere nel momento presente è imparare a rallentare il ritmo e godersi i piccoli momenti di pausa. Spesso, siamo presi dalla frenesia della vita quotidiana e ci dimentichiamo di prendere il tempo per noi stessi e per ciò che ci rende felici. Rallentare e concedersi dei momenti di pausa ci permette di riconnetterci con noi stessi e di gustare la vita in modo più profondo.

La pratica di vivere nel momento presente ci aiuta anche a sviluppare una maggiore gratitudine per ciò che abbiamo. Quando siamo pienamente presenti, siamo più attenti alle benedizioni che ci circondano ogni giorno e siamo più inclini a riconoscere e apprezzare le cose positive nella nostra vita. Questo ci permette di sviluppare una prospettiva più positiva sulla vita e di vivere con maggiore gratitudine e soddisfazione.

In conclusione, vivere nel momento presente e saper gustare la vita è una pratica preziosa per coltivare la consapevolezza e la gratitudine nella nostra vita quotidiana. Essere consapevoli ci permette di essere presenti in modo pieno e attento alle nostre esperienze, ci aiuta a godere delle piccole gioie della vita e a ridurre lo stress e l'ansia. Rallentare il ritmo ci permette di prendere il tempo per noi stessi e per ciò che ci rende felici, mentre la gratitudine ci aiuta a riconoscere e apprezzare le benedizioni che ci circondano ogni giorno. Vivere nel momento presente ci permette di connetterci con la vita in modo più profondo e significativo, vivendo con maggiore serenità e gioia.

Superare l'insoddisfazione cronica e coltivare la soddisfazione è un viaggio interiore che richiede consapevolezza, impegno e pazienza. L'insoddisfazione cronica è quella sensazione di mancanza e frustrazione che sembra persistere nonostante il raggiungimento di obiettivi o il possesso di beni materiali. Questo stato di insoddisfazione può influenzare negativamente il nostro benessere psicologico e la nostra qualità di vita. Tuttavia, è possibile superare l'insoddisfazione cronica e coltivare la soddisfazione attraverso diverse pratiche e prospettive.

Innanzitutto, è importante capire le radici dell'insoddisfazione cronica. Spesso, essa ha origine da aspettative irrealistiche o da un continuo confronto con gli altri. Ci confrontiamo costantemente con gli standard irraggiungibili che la società, i media e la cultura ci presentano, portandoci a credere che il successo e la felicità dipendano da cose esterne. Tuttavia, coltivare la soddisfazione richiede un cambiamento di prospettiva: concentrarsi su ciò che è veramente importante per noi e apprezzare ciò che abbiamo, piuttosto che cercare sempre di ottenere di più.

Una pratica potente per superare l'insoddisfazione cronica è la gratitudine. Essere grati per ciò che abbiamo ci aiuta a riconoscere le benedizioni che già ci circondano e a coltivare una prospettiva più positiva sulla vita. Tenere un diario della gratitudine, in cui scriviamo regolarmente le cose per cui siamo grati, ci aiuta a sviluppare una mentalità di gratitudine e a coltivare la soddisfazione per ciò che possediamo e viviamo.

Inoltre, è essenziale imparare ad accettare e apprezzare noi stessi. Spesso, l'insoddisfazione cronica è legata a un senso di inadeguatezza o di autovalutazione negativa. Imparare ad accettare i nostri difetti e a riconoscere le nostre qualità ci permette di sviluppare una maggiore autostima e fiducia in noi stessi. Coltivare la soddisfazione richiede un'auto-compassione e una gentilezza verso noi stessi, senza giudicarci duramente o mettere in discussione il nostro valore.

Inoltre, è importante concentrarsi sull'esperienza del presente e godere delle piccole gioie della vita. Vivere nel momento presente ci aiuta a sperimentare la soddisfazione nell'esperienza del qui e ora, senza preoccuparci eccessivamente del passato o del futuro. Essere pienamente presenti nelle nostre attività quotidiane ci permette di godere di ogni momento e di trovare gioia nelle cose semplici.

Oltre alla gratitudine e alla consapevolezza, la pratica del contento ci aiuta a coltivare la soddisfazione. Essa consiste nell'allenarsi a concentrarsi su ciò che abbiamo, piuttosto che su ciò che ci manca. Quando ci sentiamo insoddisfatti, possiamo chiederci cosa possiamo apprezzare nella nostra vita in quel momento e focalizzarci su questi aspetti positivi. Questa pratica ci aiuta a spezzare il ciclo dell'insoddisfazione cronica e a coltivare una prospettiva più equilibrata sulla vita.

Inoltre, è importante avere obiettivi realistici e significativi. Spesso, ci poniamo obiettivi irraggiungibili o che non rispecchiano veramente ciò che è importante per noi. Avere obiettivi significativi ci aiuta a dare un senso e uno scopo alla nostra vita, aumentando la soddisfazione e il senso di realizzazione quando li raggiungiamo.

Infine, è utile praticare la gratitudine verso gli altri e coltivare relazioni significative. Le relazioni interpersonali hanno un impatto significativo sulla nostra soddisfazione nella vita. Esprimere gratitudine verso gli altri ci permette di coltivare connessioni più profonde e significative, creando un ambiente di positività e di fiducia reciproca.

In conclusione, superare l'insoddisfazione cronica e coltivare la soddisfazione è un processo di crescita personale e di consapevolezza. La gratitudine, l'accettazione di sé, la concentrazione sul momento presente, la pratica del contento e gli obiettivi realistici sono tutti strumenti potenti per sviluppare una prospettiva più positiva sulla vita e coltivare una maggiore soddisfazione. Vivere con gratitudine e apprezzamento per ciò che abbiamo e per ciò che siamo ci aiuta a sperimentare la gioia e la soddisfazione della vita ogni giorno.

Il legame tra gratitudine e benessere emotivo è un aspetto fondamentale della psicologia positiva e della scienza del benessere. Numerose ricerche hanno dimostrato che praticare la gratitudine ha un impatto significativo sulla nostra salute mentale e sul nostro benessere emotivo.

La gratitudine può essere definita come uno stato mentale e un'emozione positiva che sperimentiamo quando riconosciamo e apprezziamo le benedizioni, le esperienze positive e le persone che ci circondano.

Quando siamo grati, riconosciamo i doni e le opportunità che la vita ci offre e ci concentriamo sugli aspetti positivi della nostra esistenza. Questo atteggiamento mentale ci aiuta a sviluppare una prospettiva più positiva sulla vita e a coltivare un senso di apprezzamento per ciò che abbiamo.

Numerosi studi hanno dimostrato che la pratica della gratitudine è associata a una serie di benefici per il benessere emotivo. Ad esempio, la gratitudine è stata correlata a livelli più alti di felicità e soddisfazione nella vita. Le persone che praticano la gratitudine regolarmente tendono ad essere più ottimiste e a sperimentare meno sintomi di depressione e ansia. La gratitudine è anche collegata a una maggiore resilienza emotiva, ovvero la capacità di affrontare le difficoltà e le sfide della vita in modo più positivo e costruttivo.

La gratitudine ha anche un effetto positivo sulle relazioni interpersonali. Le persone che esprimono gratitudine verso gli altri tendono a essere percepite come più gentili e premurose, e le relazioni in cui la gratitudine è presente sono spesso caratterizzate da una maggiore fiducia e soddisfazione reciproca. La gratitudine può anche migliorare la comunicazione e risolvere conflitti nelle relazioni, poiché favorisce un clima di apprezzamento e comprensione reciproca.

Inoltre, la pratica della gratitudine può avere benefici per la nostra salute fisica. Diverse ricerche hanno suggerito che le persone che praticano la gratitudine tendono ad avere livelli più bassi di stress e di infiammazione nel corpo. Questo può contribuire a una maggiore longevità e a una migliore salute generale nel tempo.

Una delle ragioni per cui la gratitudine è così potente nel migliorare il nostro benessere emotivo è legata alla nostra mente e alle abitudini cognitive. La nostra mente ha una tendenza innata a focalizzarsi sugli aspetti negativi della vita, poiché questo ci ha aiutato nell'evoluzione a identificare e risolvere le minacce. Questo atteggiamento di ipervigilanza per il negativo può portarci a trascurare gli aspetti positivi e le opportunità che ci circondano. La pratica della gratitudine ci aiuta a riorientare la nostra mente verso gli aspetti positivi e a cambiare la nostra prospettiva.

Ci sono molte forme di pratica della gratitudine che possiamo integrare nella nostra vita quotidiana. Tenere un diario della gratitudine, in cui scriviamo regolarmente ciò per cui siamo grati, è una delle forme più comuni di pratica. Esprimere gratitudine verso gli altri attraverso un semplice "grazie" o una nota di ringraziamento può avere un impatto significativo sulle relazioni e sul nostro benessere emotivo. Inoltre, possiamo fare esercizi di visualizzazione, immaginando come sarebbe la nostra vita senza alcune delle cose positive che abbiamo, per rafforzare il senso di gratitudine per ciò che abbiamo.

In conclusione, il legame tra gratitudine e benessere emotivo è evidente attraverso numerosi studi e ricerche nel campo della psicologia positiva. La pratica della gratitudine ci aiuta a sviluppare una prospettiva più positiva sulla vita, a migliorare il nostro benessere emotivo e a coltivare relazioni più soddisfacenti. La gratitudine è uno strumento potente e accessibile a tutti per vivere una vita più felice, significativa e appagante.

Capitolo 9: L'importanza della connessione con se stessi

L'importanza della connessione con se stessi è un aspetto fondamentale per il benessere psicologico e la crescita personale. Essere connessi con se stessi significa essere consapevoli delle nostre emozioni, dei nostri pensieri, dei nostri bisogni e dei nostri valori. È un processo di auto-esplorazione e auto-scoperta che ci permette di comprendere chi siamo veramente e di vivere in modo autentico e soddisfacente.

La connessione con se stessi è il fondamento per una buona salute mentale. Quando siamo connessi con noi stessi, siamo più in grado di gestire lo stress, le emozioni negative e le sfide della vita. Essere consapevoli delle nostre emozioni ci permette di riconoscerle e di esprimerle in modo sano e costruttivo, invece di reprimere o ignorare ciò che proviamo. Questo ci aiuta a mantenere un equilibrio emotivo e a migliorare la nostra capacità di affrontare situazioni difficili.

La connessione con se stessi ci permette di prendere decisioni più consapevoli e autentiche. Quando siamo in sintonia con i nostri bisogni e valori, siamo più in grado di prendere decisioni che riflettano chi siamo veramente e ci portano verso una vita più significativa e soddisfacente. Questo ci aiuta a evitare scelte basate su pressioni esterne o aspettative degli altri e ci permette di seguire il nostro vero scopo e direzione.

Inoltre, la connessione con se stessi è essenziale per sviluppare relazioni significative con gli altri. Quando siamo in grado di conoscerci e amarci profondamente, siamo più capaci di aprirci agli altri e di instaurare relazioni autentiche e soddisfacenti. Essere connessi con se stessi ci aiuta a esprimere i nostri bisogni e desideri in modo chiaro e assertivo, migliorando la comunicazione e la comprensione reciproca.

La connessione con se stessi è anche fondamentale per il percorso di crescita personale. Quando ci prendiamo il tempo per esplorare i nostri pensieri e le nostre emozioni, possiamo imparare da ogni esperienza e crescere come individui. La consapevolezza di noi stessi ci permette di identificare schemi di pensiero o comportamenti limitanti e di apportare cambiamenti positivi nella nostra vita.

Una pratica utile per sviluppare la connessione con se stessi è la mindfulness. La mindfulness è la consapevolezza del momento presente, senza giudizio o reazione impulsiva. Essa ci permette di essere presenti e attenti a ciò che sta accadendo dentro di noi, senza essere distratti dai pensieri sul passato o sul futuro. La pratica della mindfulness ci aiuta a coltivare una maggiore consapevolezza di noi stessi, delle nostre emozioni e dei nostri bisogni, e ci permette di accettarci con gentilezza e compassione.

Inoltre, è importante dedicare del tempo a se stessi per riflettere e per connettersi con le proprie emozioni e pensieri. Può essere utile tenere un diario o fare delle passeggiate solitarie, per permettere alla mente di rilassarsi e di esplorare liberamente i propri pensieri e sentimenti. La pratica dell'auto-osservazione ci aiuta a scoprire lati di noi stessi che potremmo non conoscere, e a riconoscere ciò che ci fa davvero felici e soddisfatti.

In conclusione, l'importanza della connessione con se stessi non può essere sottovalutata. Essere consapevoli delle nostre emozioni, dei nostri bisogni e dei nostri valori ci permette di vivere in modo autentico e soddisfacente. La connessione con se stessi è essenziale per una buona salute mentale, per prendere decisioni consapevoli e per sviluppare relazioni significative. La pratica della mindfulness e l'auto-osservazione sono strumenti potenti per sviluppare questa connessione e

per intraprendere un viaggio di scoperta e crescita
personale.

La ricerca della felicità interiore e dell'autenticità è un viaggio di scoperta e di crescita personale che porta ad una vita più soddisfacente e significativa. La felicità interiore non dipende da eventi esterni o circostanze materiali, ma è uno stato di benessere emotivo e mentale che si basa sulla nostra connessione con noi stessi e sulla realizzazione dei nostri valori più profondi.

Essere autentici significa essere fedeli a noi stessi, ai nostri valori, passioni e aspirazioni. Significa essere onesti con noi stessi e con gli altri, senza maschere o falsi compromessi. Essere autentici ci permette di esprimere liberamente chi siamo veramente e di vivere in accordo con il nostro vero io. Questo porta ad una maggiore soddisfazione e senso di realizzazione, poiché ci sentiamo in sintonia con la nostra essenza più autentica.

La ricerca della felicità interiore inizia con la consapevolezza di sé e la comprensione dei propri bisogni e desideri. Spesso, la società ci impone modelli di successo e felicità che possono essere in conflitto con la nostra vera natura. La pressione di conformarci agli standard esterni può portarci a vivere una vita che non rispecchia veramente chi siamo, causando insoddisfazione e senso di vuoto. La ricerca della felicità interiore ci spinge ad ascoltare la nostra voce interiore e a perseguire ciò che ci rende veramente felici e soddisfatti.

Per raggiungere la felicità interiore, è importante praticare l'auto-accettazione e l'auto-compassione. Spesso, siamo molto duri con noi stessi e ci giudichiamo duramente per i nostri errori o imperfezioni. La pratica dell'auto-accettazione ci permette di accogliere noi stessi così come siamo, con tutte le nostre fragilità e vulnerabilità. Questo ci aiuta a sviluppare una maggiore fiducia in noi stessi e ad affrontare le sfide della vita con una prospettiva più positiva.

Inoltre, la ricerca della felicità interiore ci spinge a coltivare relazioni autentiche e significative. Le relazioni interpersonali svolgono un ruolo fondamentale nel nostro benessere emotivo e nella nostra felicità. Avere relazioni sincere e autentiche ci permette di condividere le nostre gioie e le nostre sfide con gli altri e di sentirsi compresi e sostenuti. Essere circondati da persone che ci amano e ci apprezzano per chi siamo ci permette di essere più autentici e di vivere una vita più autentica e significativa.

La ricerca della felicità interiore è anche legata alla pratica della gratitudine. Essere grati per ciò che abbiamo e per le esperienze positive che viviamo ci permette di coltivare una prospettiva più positiva sulla vita e di sperimentare una maggiore felicità e soddisfazione. La gratitudine ci aiuta a focalizzarci sugli aspetti positivi della nostra vita e a trasformare le sfide in opportunità di crescita.

Un altro aspetto importante nella ricerca della felicità interiore è l'autenticità nella nostra carriera e nella realizzazione dei nostri obiettivi. Trovare un lavoro che rispecchia i nostri valori e passioni ci permette di vivere una vita più significativa e soddisfacente. Inoltre, fissare obiettivi realistici e significativi ci aiuta a perseguire ciò che ci rende veramente felici e a raggiungere un senso di realizzazione personale.

In conclusione, la ricerca della felicità interiore e dell'autenticità è un viaggio di consapevolezza e di crescita personale. Essere in sintonia con noi stessi e con i nostri valori ci permette di vivere una vita più soddisfacente e significativa. La pratica dell'auto-accettazione, l'auto-compassione e la gratitudine ci aiuta a coltivare una prospettiva più positiva sulla vita e a vivere in modo autentico e in armonia con noi stessi e con gli altri. La ricerca della felicità interiore ci spinge a essere fedeli a noi stessi, a vivere con passione e a perseguire ciò che ci rende veramente felici e soddisfatti.

Le tecniche per la riflessione e l'autoesplorazione sono strumenti preziosi per la crescita personale, la consapevolezza di sé e la ricerca della felicità interiore. Queste tecniche ci aiutano ad esplorare i nostri pensieri, emozioni, bisogni e desideri in modo più profondo, consentendoci di scoprire chi siamo veramente e cosa è veramente importante per noi.

Una delle tecniche più potenti per la riflessione e l'autoesplorazione è il tenere un diario personale. Scrivere i nostri pensieri e le nostre emozioni ci permette di dare voce ai nostri sentimenti e di esprimere liberamente ciò che ci passa per la mente. Il diario ci aiuta anche a tenere traccia dei nostri progressi, delle nostre sfide e delle nostre esperienze di vita, consentendoci di imparare da ogni situazione e di crescere come individui.

La pratica della meditazione è un'altra tecnica potente per la riflessione e l'autoesplorazione. La meditazione ci permette di entrare in uno stato di calma e consapevolezza, in cui possiamo osservare i nostri pensieri e le nostre emozioni senza giudizio. Questo ci aiuta a diventare più consapevoli dei nostri schemi di pensiero e delle nostre reazioni automatiche, consentendoci di scegliere consapevolmente come rispondere alle situazioni e alle emozioni.

Un'altra tecnica utile per la riflessione e l'autoesplorazione è il dialogo interiore. Questa tecnica consiste nel porci domande profonde su noi stessi e rispondere onestamente, come se stessimo avendo una conversazione con noi stessi. Ad esempio, possiamo chiederci quali sono i nostri valori fondamentali, cosa ci rende veramente felici o cosa ci spinge a fare determinate scelte. Questo tipo di autoesplorazione ci permette di scoprire i nostri bisogni più profondi e di comprendere meglio le nostre motivazioni.

La pratica del mindfulness è anche una tecnica efficace per la riflessione e l'autoesplorazione. Essere consapevoli del momento presente ci permette di essere più attenti ai nostri pensieri, emozioni e sensazioni fisiche, senza giudicarli o reagire impulsivamente. La mindfulness ci aiuta a sviluppare una maggiore consapevolezza di noi stessi e del nostro mondo interiore, consentendoci di esplorare in modo più profondo la nostra esperienza di vita.

Un'altra tecnica di autoesplorazione è il ricorso a un coach o a un terapeuta. Parlare con un professionista può aiutarci a esplorare i nostri pensieri e le nostre emozioni in modo più profondo, offrendoci uno spazio sicuro per esprimere ciò che proviamo e per ricevere un feedback obiettivo. Un coach o un terapeuta può anche aiutarci a individuare modelli di pensiero o comportamenti limitanti e a sviluppare strategie per superarli.

Le tecniche di creatività, come il disegno, la scrittura creativa o il collage, possono essere anche utili per la riflessione e l'autoesplorazione. Queste attività creative ci permettono di esprimere in modo non verbale ciò che proviamo e ci permettono di accedere a parti di noi stessi che potremmo non essere in grado di esprimere con le parole.

In conclusione, le tecniche per la riflessione e l'autoesplorazione sono strumenti preziosi per la crescita personale e la ricerca della felicità interiore. Tenere un diario, praticare la meditazione, il dialogo interiore, la mindfulness e l'autoesplorazione con l'aiuto di un coach o di un terapeuta sono tutti modi efficaci per esplorare il nostro mondo interiore, comprendere chi siamo veramente e coltivare una maggiore consapevolezza di noi stessi. Queste pratiche ci permettono di scoprire i nostri bisogni più profondi, i nostri valori autentici e di prendere decisioni consapevoli e in linea con ciò che ci rende veramente felici e soddisfatti. La riflessione e l'autoesplorazione ci aiutano a vivere in modo autentico e significativo, portandoci a una vita più soddisfacente e in armonia con noi stessi e con il mondo che ci circonda.

Sperimentare il silenzio e la meditazione è un viaggio interiore che ci permette di entrare in contatto con il nostro vero sé e di scoprire una pace interiore profonda. Queste pratiche millenarie hanno dimostrato di avere numerosi benefici per la nostra salute mentale, emotiva e fisica, aiutandoci a ridurre lo stress, migliorare la concentrazione e aumentare il benessere complessivo.

Il silenzio offre una preziosa opportunità per staccare la spina dal rumore e dalle distrazioni del mondo esterno. Nella società moderna, siamo costantemente bombardati da suoni, notifiche e informazioni che possono sovraccaricare la nostra mente e causare ansia e stress. Sperimentare il silenzio ci permette di trovare un'oasi di calma e tranquillità in cui possiamo rilassarci, riconnetterci con noi stessi e ascoltare i nostri pensieri e le nostre emozioni senza distrazioni.

La meditazione è una pratica che ci insegna ad essere presenti e consapevoli del momento presente. Consiste nel concentrarsi su un oggetto, un suono, un'immagine o sulla respirazione per calmare la mente e portarla nel qui e ora. Durante la meditazione, possiamo osservare i nostri pensieri senza giudizio e lasciarli passare senza identificarci con essi. Questa pratica ci aiuta a distanziarci dai pensieri negativi e dalle preoccupazioni, consentendoci di ridurre lo stress e di sviluppare una maggiore serenità interiore.

La sperimentazione del silenzio e della meditazione richiede tempo e pratica costante, ma i benefici che ne derivano sono molteplici. Uno dei principali vantaggi è la riduzione dello stress e dell'ansia. La meditazione è stata ampiamente studiata e ha dimostrato di ridurre i livelli di cortisolo, l'ormone dello stress, nel corpo. Ciò aiuta a ridurre i sintomi dell'ansia e della depressione, favorendo una maggiore stabilità emotiva.

Inoltre, la meditazione ha dimostrato di migliorare la concentrazione e la memoria. Attraverso la pratica della focalizzazione e della consapevolezza, sviluppiamo la nostra capacità di concentrarci sulle attività quotidiane e di rimanere presenti nel momento presente. Ciò ci rende più produttivi e più attenti nelle nostre attività quotidiane.

La meditazione può anche migliorare la qualità del sonno. Le pratiche di rilassamento e consapevolezza durante la meditazione ci aiutano a rilassarci e a liberarci delle tensioni accumulate durante il giorno. Questo può favorire un sonno più profondo e riposante, consentendoci di svegliarci più energici e rinfrescati al mattino.

Sperimentare il silenzio e la meditazione ci aiuta anche a sviluppare una maggiore consapevolezza di noi stessi e delle nostre emozioni. Spesso, siamo così presi dalle nostre attività quotidiane che non abbiamo tempo di riflettere sulle nostre emozioni e di comprendere le nostre reazioni a determinate situazioni. La meditazione ci aiuta a diventare più consapevoli delle nostre emozioni e dei nostri pensieri, consentendoci di gestire meglio le situazioni stressanti e di migliorare le nostre relazioni interpersonali.

Infine, sperimentare il silenzio e la meditazione ci apre alla dimensione spirituale della nostra esistenza. La meditazione ci permette di entrare in contatto con il nostro sé più profondo e con una connessione più ampia con il mondo e con gli altri esseri viventi. Questo ci aiuta a scoprire un senso più profondo di scopo e significato nella vita e a vivere in modo più autentico e gratificante.

In conclusione, sperimentare il silenzio e la meditazione è un percorso di scoperta e crescita personale che ci aiuta a ridurre lo stress, migliorare la concentrazione, aumentare il benessere emotivo e sviluppare una maggiore consapevolezza di noi stessi e del nostro scopo nella vita. Queste pratiche possono essere integrate nella nostra routine quotidiana, offrendoci un'opportunità preziosa di trovare una calma interiore e di vivere in modo più autentico e soddisfacente.

La coerenza tra valori, obiettivi e azioni è un fondamentale principio di integrità personale e di realizzazione dei nostri scopi nella vita. Quando i nostri valori, ciò che riteniamo essere veramente importante, sono in armonia con gli obiettivi che ci poniamo e le azioni che intraprendiamo per raggiungerli, sperimentiamo una profonda sensazione di autenticità e realizzazione. Questa coerenza ci permette di vivere una vita più significativa e soddisfacente, in cui siamo allineati con ciò che realmente desideriamo e con ciò che ci rende veramente felici.

Prima di tutto, comprendere e definire i propri valori è essenziale per raggiungere la coerenza. I valori sono le fondamenta delle nostre scelte e delle nostre azioni; rappresentano ciò che consideriamo più importante nella vita. Potrebbero includere la famiglia, l'onestà, l'empatia, la crescita personale, l'indipendenza o l'altruismo, solo per citarne alcuni. Identificare i propri valori richiede introspezione e sincerità con sé stessi. Quando siamo consapevoli dei nostri valori, possiamo utilizzarli come guida per stabilire gli obiettivi che desideriamo raggiungere.

Gli obiettivi che ci poniamo dovrebbero essere in linea con i nostri valori. Ciò significa che dovrebbero riflettere ciò che è veramente importante per noi e ciò che desideriamo realizzare nella nostra vita. Ad esempio, se il valore principale è la famiglia, un obiettivo potrebbe essere quello di trascorrere più tempo di qualità con i propri cari o di migliorare le relazioni familiari. Se il valore è la crescita personale, gli obiettivi potrebbero essere quelli di imparare nuove competenze o di intraprendere nuove sfide professionali. Quando gli obiettivi sono allineati con i nostri valori, siamo più motivati e determinati a raggiungerli.

La coerenza tra valori, obiettivi e azioni si verifica quando le nostre azioni quotidiane riflettono ciò che vogliamo davvero raggiungere nella vita. Questo significa agire in modo congruente con i nostri valori e perseguire gli obiettivi che ci siamo posti con azioni concrete e coerenti. Ad esempio, se il valore è l'ambiente, potremmo adottare pratiche quotidiane per ridurre la nostra impronta ecologica, come riciclare o utilizzare mezzi di trasporto sostenibili. Se l'obiettivo è migliorare la salute, le azioni potrebbero includere l'adesione a una dieta sana e l'esercizio fisico regolare.

La coerenza ci permette di evitare conflitti interni e di vivere una vita autentica e significativa. Quando le nostre azioni sono in armonia con i nostri valori e obiettivi, ci sentiamo in pace con noi stessi e con il mondo che ci circonda. Sperimentiamo una maggiore autostima e fiducia in noi stessi, poiché sappiamo di essere fedeli a ciò che crediamo e desideriamo veramente.

D'altro canto, la mancanza di coerenza può causare frustrazione e insoddisfazione. Se i nostri valori, obiettivi e azioni sono in conflitto tra di loro, ci troviamo in una sorta di stallo interiore. Ci sentiamo confusi e divisi, incapaci di fare progressi significativi nella nostra vita. Questo può portare a un senso di insoddisfazione e disillusione, poiché ci rendiamo conto di non essere allineati con ciò che veramente desideriamo.

Per sviluppare la coerenza tra valori, obiettivi e azioni, è essenziale essere onesti con se stessi e prendere consapevolezza di ciò che è veramente importante per noi. Questo richiede un'attenta riflessione e autoesplorazione, ma è un passo fondamentale per vivere una vita autentica e significativa. Inoltre, è importante essere flessibili e disposti a rivedere e aggiornare i nostri valori e obiettivi, poiché la vita è in continua evoluzione e i nostri desideri e priorità possono cambiare nel tempo.

In conclusione, la coerenza tra valori, obiettivi e azioni è fondamentale per vivere una vita autentica e soddisfacente. Quando i nostri valori guidano gli obiettivi che ci poniamo e le azioni che intraprendiamo, sperimentiamo una profonda sensazione di integrità e realizzazione. Questa coerenza ci permette di vivere in armonia con noi stessi e con il mondo che ci circonda, portandoci a una maggiore autostima, fiducia e soddisfazione nella nostra vita.

Capitolo 10: Abbracciare il cambiamento e il futuro con positività

Abbracciare il cambiamento e il futuro con positività è una prospettiva potente che ci permette di affrontare la vita con ottimismo e fiducia. Il cambiamento è una parte inevitabile della nostra esistenza, ed è attraverso la positività che possiamo trasformare le sfide in opportunità e crescita.

La positività è uno stato mentale che ci incoraggia a vedere il meglio delle situazioni, anche quando affrontiamo momenti di incertezza e transizione. Essa ci permette di sviluppare una mentalità aperta e resiliente, che ci aiuta a gestire il cambiamento in modo costruttivo.

Quando abbracciamo il cambiamento con positività, riconosciamo che ogni nuova esperienza ci offre la possibilità di crescere e imparare qualcosa di nuovo. Ogni transizione ci invita ad adattarci e a evolverci, portando con sé l'opportunità di scoprire nuove risorse e sviluppare competenze che potremmo non aver mai immaginato di possedere.

La positività ci aiuta a sperimentare il cambiamento come una avventura, una scoperta e un'opportunità di trasformazione personale. Invece di essere paralizzati dalla paura dell'ignoto, la positività ci spinge ad abbracciare il futuro con curiosità e speranza. Ci incoraggia a spingerci al di là dei nostri limiti e a intraprendere nuove strade che potrebbero portarci a orizzonti inaspettati.

Inoltre, la positività ci consente di vedere le sfide come opportunità per sviluppare la nostra resilienza e forza interiore. Mentre il cambiamento può portare con sé momenti difficili, la positività ci spinge a trovare il lato positivo anche nelle situazioni più complesse. Questo atteggiamento ci aiuta a superare le avversità con coraggio e determinazione, trasformando gli ostacoli in trampolini di lancio per il nostro successo futuro.

Abbracciare il cambiamento con positività ci permette di adottare una prospettiva di crescita e di progresso. Invece di vedere il cambiamento come una minaccia, lo vediamo come una strada per migliorare e raggiungere il nostro potenziale. Questo atteggiamento ci spinge a impegnarci nella continua ricerca di nuove sfide e opportunità di apprendimento.

La positività ci aiuta anche a coltivare relazioni interpersonali più forti e significative. Quando siamo positivi, attiriamo persone simili a noi e possiamo stabilire connessioni autentiche e gratificanti con gli altri. Queste relazioni ci sostengono durante i momenti di cambiamento e ci aiutano a crescere insieme.

Abbracciare il cambiamento con positività ci insegna a essere più flessibili e adattabili. La vita è un flusso costante di cambiamenti e imprevisti, e la positività ci aiuta a navigare queste acque in modo armonioso. Impariamo a lasciar andare il controllo e ad accettare che alcune cose sono al di fuori del nostro potere di cambiare. Ciò ci permette di affrontare il futuro con maggiore serenità e tranquillità.

Infine, la positività ci ricorda di apprezzare il presente e di gioire delle piccole cose. Quando siamo positivi, siamo più propensi a notare e apprezzare le gioie della vita quotidiana. Questo atteggiamento di gratitudine e gioia ci rende più felici e ci aiuta a coltivare una prospettiva positiva anche durante i momenti di cambiamento e sfida.

In conclusione, abbracciare il cambiamento e il futuro con positività è una scelta potente che ci permette di vivere una vita piena di speranza, gratitudine e crescita. La positività ci aiuta a vedere il cambiamento come un'opportunità di crescita e trasformazione, e ci permette di affrontare le sfide della vita con coraggio e fiducia. Questo atteggiamento ci aiuta a coltivare relazioni significative, a essere più flessibili e adattabili, e a goderci ogni momento della nostra esistenza. Abbracciare la positività ci apre alla bellezza e alla ricchezza della vita, consentendoci di creare una realtà più luminosa e soddisfacente per noi stessi e per gli altri.

Sviluppare la resilienza di fronte all'incertezza è un aspetto fondamentale per affrontare i momenti di turbamento e transizione nella vita. L'incertezza è una realtà inevitabile, e la capacità di essere resilienti ci aiuta a navigare con successo attraverso periodi di cambiamento, sfide e incertezza.

La resilienza è la capacità di adattarsi, recuperare e crescere di fronte agli eventi stressanti e avversi. Quando sviluppiamo la resilienza, ci dotiamo di strumenti psicologici ed emotivi per affrontare le incertezze con forza interiore e determinazione. Essa ci permette di guardare oltre l'incertezza e di vedere le sfide come opportunità di crescita personale e trasformazione.

Una delle chiavi per sviluppare la resilienza di fronte all'incertezza è coltivare una mentalità positiva e ottimistica. Vedere l'incertezza come una parte normale della vita e come un'opportunità per scoprire nuove strade ci aiuta a superare la paura e l'ansia che possono derivare dalla mancanza di certezze. Quando siamo resilienti, vediamo l'incertezza come un terreno fertile per il nostro sviluppo personale e professionale.

La pratica della mindfulness può essere un prezioso strumento per sviluppare la resilienza di fronte all'incertezza. Essere consapevoli del momento presente ci aiuta a vivere l'incertezza nel qui e ora, senza preoccuparci eccessivamente del passato o del futuro. Questa consapevolezza ci permette di affrontare le sfide con maggiore calma e presenza mentale, e ci aiuta a prendere decisioni più ponderate.

Inoltre, la resilienza si sviluppa anche attraverso la fiducia in sé stessi e nelle proprie capacità. Credere nella propria forza interiore e nelle proprie risorse ci rende più sicuri di fronte all'incertezza e ci aiuta a superare le sfide con maggiore determinazione. La fiducia in sé stessi ci permette di affrontare l'incertezza con una mentalità aperta e curiosa, cercando di adattarci alle nuove situazioni e di trovare soluzioni creative ai problemi.

Un altro elemento chiave per sviluppare la resilienza di fronte all'incertezza è la capacità di affrontare e gestire le emozioni. Le sfide e l'incertezza possono provocare una serie di emozioni intense, come ansia, paura, frustrazione o tristezza. Essere resilienti significa imparare a riconoscere e accettare queste emozioni, senza lasciarsi sopraffare da esse. Imparare a gestire le emozioni in modo sano e costruttivo ci permette di affrontare l'incertezza con maggiore equilibrio emotivo e di prendere decisioni più sagge.

La capacità di adattarsi e flessibilità è un altro aspetto importante della resilienza di fronte all'incertezza. Essere aperti al cambiamento e alla novità ci aiuta ad affrontare le situazioni incerte con una mente aperta e pronta ad abbracciare nuove opportunità. La flessibilità ci permette di adattarci alle nuove circostanze e di trovare soluzioni alternative quando le cose non vanno come pianificato.

Infine, sviluppare la resilienza di fronte all'incertezza implica anche cercare e ricevere supporto sociale. Avere una rete di supporto, come amici, familiari o colleghi fidati, può aiutarci a superare l'incertezza con più facilità. Condividere le nostre preoccupazioni e paure con gli altri ci permette di sentirsi meno soli e di ricevere sostegno ed incoraggiamento durante i momenti difficili.

In conclusione, sviluppare la resilienza di fronte all'incertezza è essenziale per affrontare le sfide della vita con forza e determinazione. Essere resilienti ci permette di vedere l'incertezza come un'opportunità di crescita e trasformazione, e ci aiuta a superare i momenti difficili con coraggio e fiducia. Attraverso la fiducia in sé stessi, la pratica della mindfulness, la gestione delle emozioni, la flessibilità e il supporto sociale, possiamo affrontare l'incertezza con maggiore equilibrio emotivo e affrontare il futuro con ottimismo e speranza.

La prospettiva positiva verso il futuro e le sfide è un atteggiamento mentale potente che ci permette di affrontare il futuro con ottimismo, coraggio e resilienza. Quando vediamo il futuro con una prospettiva positiva, siamo in grado di affrontare le sfide con fiducia e di intraprendere nuove strade con determinazione.

La prospettiva positiva ci aiuta a focalizzarci sulle opportunità, anziché sui rischi e le difficoltà. Vediamo il futuro come un terreno fertile per nuove esperienze, crescita personale e successo. Questa prospettiva ci spinge ad abbracciare il cambiamento e ad adattarci alle nuove situazioni con apertura mentale.

Inoltre, la prospettiva positiva ci aiuta a trasformare le sfide in opportunità. Vediamo le difficoltà come occasioni per sviluppare nuove competenze, superare i nostri limiti e raggiungere nuovi traguardi. Questo atteggiamento ci permette di affrontare le sfide con una mentalità di apprendimento e di crescita, cercando sempre di migliorare e progredire.

La prospettiva positiva ci aiuta anche a gestire lo stress e l'ansia legati al futuro e alle sfide che potrebbero presentarsi. Quando vediamo il futuro con ottimismo, siamo meno inclini a preoccuparci eccessivamente per ciò che potrebbe accadere e siamo più concentrati sulle soluzioni e le azioni positive che possiamo intraprendere.

La gratitudine è un elemento chiave della prospettiva positiva verso il futuro e le sfide. Essere grati per ciò che abbiamo e per le opportunità che il futuro ci offre ci permette di affrontare le sfide con maggiore serenità e fiducia. La gratitudine ci aiuta a concentrarci su ciò che è importante e significativo nella nostra vita, e ci ricorda di apprezzare i doni che la vita ci offre ogni giorno.

La prospettiva positiva ci aiuta anche a mantenere una visione a lungo termine, guardando al futuro con una visione di successo e realizzazione. Vediamo le sfide attuali come piccoli ostacoli lungo il cammino verso il nostro obiettivo finale. Questo atteggiamento ci spinge a perseverare e a superare gli ostacoli con determinazione, sapendo che ogni passo ci avvicina sempre di più alla realizzazione dei nostri sogni e aspirazioni.

La prospettiva positiva ci aiuta a sviluppare la resilienza e la capacità di adattarci alle sfide che incontriamo lungo il cammino. Essere ottimisti ci permette di vedere le difficoltà come momenti temporanei e superabili, anziché come problemi insormontabili. Questo atteggiamento ci rende più forti e resilienti, consentendoci di affrontare il futuro con coraggio e fiducia.

Infine, la prospettiva positiva ci aiuta a coltivare una mentalità di gratitudine e apprezzamento per il presente. Quando vediamo il futuro con ottimismo, apprezziamo di più ciò che abbiamo e viviamo il momento presente con gioia e consapevolezza. Questo atteggiamento ci porta a godere delle piccole gioie della vita e ci permette di vivere in modo più soddisfacente e appagante.

In conclusione, la prospettiva positiva verso il futuro e le sfide è un potente strumento per affrontare la vita con ottimismo, coraggio e resilienza. Quando vediamo il futuro con una mentalità aperta e positiva, siamo in grado di affrontare le sfide con fiducia e determinazione. La gratitudine, la visione a lungo termine, la resilienza e la capacità di vivere il momento presente con gioia sono tutti elementi chiave della prospettiva positiva che ci permettono di abbracciare il futuro con ottimismo e speranza. Questa prospettiva ci aiuta a vedere le sfide come opportunità di crescita e trasformazione, e ci spinge a intraprendere nuove strade con coraggio e fiducia.

La psicologia positiva è un campo di studio che si concentra sullo sviluppo delle potenzialità umane, sulla ricerca del benessere e sulla promozione del miglioramento della qualità della vita. Utilizzare la psicologia positiva per continuare a crescere e prosperare ci offre un approccio proattivo e costruttivo per affrontare le sfide e per abbracciare il cambiamento con una mentalità di crescita.

Una delle chiavi per utilizzare la psicologia positiva è focalizzarsi sulle nostre forze e talenti. Identificare i nostri punti di forza ci aiuta a valorizzare le nostre capacità e a sviluppare nuove competenze. Concentrandoci su ciò che ci rende unici e competenti, possiamo affrontare le sfide con maggiore fiducia e determinazione, sapendo di avere le risorse per farvi fronte.

La gratitudine è un altro aspetto importante della psicologia positiva. Essere grati per ciò che abbiamo e per le opportunità che ci vengono offerte ci permette di vivere con maggiore soddisfazione e gioia. La gratitudine ci aiuta a vedere il lato positivo della vita anche nelle situazioni difficili e ci spinge a cercare il bene in ogni circostanza.

Inoltre, utilizzare la psicologia positiva ci incoraggia a coltivare relazioni interpersonali significative e appaganti. Le connessioni sociali sono essenziali per il nostro benessere emotivo e psicologico. Le relazioni positive ci sostengono durante i momenti difficili e ci offrono supporto e incoraggiamento nella nostra crescita personale.

La prospettiva di crescita è un elemento chiave della psicologia positiva. Essa ci invita a vedere la vita come un percorso di apprendimento e crescita continua. Le sfide e gli ostacoli diventano opportunità per imparare e svilupparci, e possiamo affrontare il cambiamento con una mentalità di apprendimento, cercando di migliorare costantemente.

La pratica della mindfulness è un altro aspetto importante della psicologia positiva. Essa ci aiuta a vivere nel momento presente, a essere consapevoli delle nostre emozioni e pensieri, e a vivere in modo più consapevole e attento. La mindfulness ci permette di gestire lo stress e l'ansia legati al futuro e alle sfide, e ci aiuta a vivere con maggiore serenità e presenza mentale.

Un altro strumento della psicologia positiva è l'ottimismo realistico. Essere ottimisti ci aiuta a vedere il futuro con speranza e fiducia, ma allo stesso tempo riconosciamo che ci possono essere sfide e difficoltà lungo il cammino. L'ottimismo realistico ci spinge a pianificare e prepararci per il futuro, affrontando le sfide con una mentalità di resilienza e adattamento.

La psicologia positiva ci incoraggia anche a stabilire obiettivi significativi e stimolanti per noi stessi. Avere obiettivi chiari e realistici ci aiuta a mantenere il focus e la motivazione, e ci spinge a fare i passi necessari per raggiungere i nostri scopi. La sensazione di realizzazione che deriva dal raggiungimento di obiettivi ci offre una maggiore soddisfazione e senso di realizzazione nella vita.

Infine, utilizzare la psicologia positiva ci invita a praticare la resilienza e la capacità di adattamento. La vita è fatta di alti e bassi, e la resilienza ci aiuta a superare le difficoltà con forza e determinazione. Essere resilienti ci permette di affrontare i momenti di cambiamento e incertezza con una mentalità di apprendimento e crescita, cercando sempre di trovare soluzioni creative ai problemi.

In conclusione, utilizzare la psicologia positiva ci offre un approccio costruttivo e proattivo per continuare a crescere e prosperare nella vita. Focalizzandoci sulle nostre forze, praticando la gratitudine, coltivando relazioni significative, adottando una prospettiva di crescita, praticando la mindfulness, sviluppando un ottimismo realistico, stabilendo obiettivi stimolanti e praticando la resilienza, possiamo affrontare le sfide e il futuro con coraggio, fiducia e speranza. La psicologia positiva ci invita a vivere la vita con gratitudine, consapevolezza e determinazione, abbracciando il cambiamento e l'incertezza come opportunità per crescere e prosperare.

Concludere questo viaggio di trasformazione e benessere è come arrivare a una meta, ma anche come iniziare un nuovo capitolo ricco di scoperte e opportunità. Lungo questo percorso, abbiamo esplorato le profondità della psicologia positiva e scoperto il potere trasformativo che essa può avere nella nostra vita. Abbiamo imparato a coltivare una prospettiva ottimistica e a vedere le sfide come opportunità di crescita. Ci siamo avventurati nel mondo della resilienza, imparando a superare gli ostacoli con forza e determinazione. Abbiamo abbracciato il cambiamento con coraggio, sapendo che esso è una parte inevitabile del nostro cammino.

Insieme, abbiamo scoperto il significato della gratitudine e dell'apprezzamento, imparando a vivere nel momento presente con gioia e consapevolezza. Abbiamo esplorato il potere del perdono e dell'accettazione, liberandoci dai pesi del passato e aprendo la strada alla crescita interiore. Abbiamo coltivato la compassione e la gentilezza verso noi stessi, scoprendo il valore dell'autostima e della fiducia in sé. Attraverso la pratica della mindfulness, abbiamo imparato a gestire lo stress e l'ansia, vivendo in armonia con noi stessi e il mondo che ci circonda.

Questo viaggio è stato un percorso di autoesplorazione e crescita personale, un'opportunità per conoscerci meglio e per sviluppare la nostra potenzialità. Ogni passo lungo il cammino ci ha portato a nuove scoperte e a una maggiore consapevolezza di noi stessi e del nostro potere interiore. Abbiamo imparato a trasformare le sfide in opportunità di crescita, ad abbracciare il cambiamento con una mente aperta e a vivere con gratitudine e gioia.

Questo viaggio non finisce qui; è solo l'inizio di un nuovo capitolo nella nostra vita. Le conoscenze acquisite e le esperienze vissute ci accompagnano nel futuro, offrendoci una base solida su cui costruire il nostro benessere duraturo. Continueremo a coltivare la resilienza e la flessibilità mentale, ad affrontare il futuro con fiducia e a mantenere una prospettiva positiva verso le sfide che incontreremo.

Ogni giorno, potremo utilizzare gli strumenti della psicologia positiva per alimentare il nostro benessere e la nostra crescita personale. La pratica quotidiana di apprezzamento e gratitudine ci aiuterà a vivere nel momento presente con gioia e serenità. La consapevolezza delle nostre emozioni e pensieri ci permetterà di gestire lo stress e l'ansia con equilibrio ed equanimità.

Questo viaggio ci ha insegnato che la trasformazione e il benessere duraturo sono un processo continuo e dinamico. È un viaggio che richiede dedizione, impegno e consapevolezza. Ogni giorno, possiamo fare scelte che ci avvicinano sempre di più alla versione migliore di noi stessi.

Ricordiamoci che siamo artefici della nostra felicità e del nostro benessere. Possiamo scegliere di abbracciare il cambiamento con positività e di trasformare gli ostacoli in opportunità di crescita. Possiamo coltivare la gratitudine e la gioia di vivere, vivendo ogni momento con consapevolezza e apprezzamento.

Questo viaggio di trasformazione e benessere non ha una fine definitiva, perché ogni passo che facciamo è parte integrante del nostro percorso di crescita e realizzazione. Siamo in costante evoluzione e possiamo scegliere di continuare a crescere e prosperare lungo il cammino della vita.

Concludiamo, quindi, questo viaggio con gratitudine per le esperienze vissute e con la consapevolezza che la strada della crescita personale è aperta davanti a noi. Possiamo guardare al futuro con speranza e fiducia, sapendo che abbiamo gli strumenti e la forza interiore per affrontare ogni sfida che la vita ci presenta.

Il viaggio di trasformazione e benessere continua, e saremo sempre pronti ad abbracciare ogni sfida con una mentalità aperta e positiva. Cammineremo con coraggio e determinazione, sapendo che il potere di trasformare la nostra vita è nelle nostre mani.

Se pensi che questo libro ti
sia piaciuto e ti abbia aiutato
ti chiedo solo di dedicare
pochi secondi e di lasciare
una recensione su Amazon!

Grazie

Daria Dimusica

www.ingramcontent.com/pod-product-compliance
Lightning Source LLC
Chambersburg PA
CBHW070941250726
48663CB00001B/16